EXPOSITION

DES

ARTS INDUSTRIELS

AU PALAIS DE L'INDUSTRIE

AUTORISÉE

Par Leurs Excellences le Ministre d'État, et le Ministre des Travaux Publics, de l'Agriculture et du Commerce.

1861

CATALOGUE

PUBLIÉ PAR LA SOCIÉTÉ DU PROGRÈS DE L'ART INDUSTRIEL

2me Édition

PRIX : 50 CENTIMES

PARIS
IMPRIMERIE VALLÉE ET Cie
15, RUE BRÉDA

1861

EXPOSITION

DES

ARTS INDUSTRIELS EN 1861

EXPOSITION DES ARTS INDUSTRIELS

Président d'honneur :

M. le baron TAYLOR, C. ✻.

Membres de la Commission d'organisation :

MM. E. GUICHARD, président; PH. MOUREY, premier vice-président; LEROLLE, deuxième vice-président; MINGAUD (du Gard), commissaire général; LABOURIEU, secrétaire général; H. PENON, secrétaire adjoint; TURQUETIL, trésorier; Aimé GROS, A. LEFÉBURE ✻, DE BAYLEN ✻, CHOCQUEEL, HERMANN ✻, LENFANT, MAZAROZ, SAJOU ✻, SCHÆFFER-ERARD, VEYRAT.

Membres de la Commission des fonds :

MM. PH. MOUREY, président; CH. FRANÇOIS, LEFÉBURE, fils, LENFANT, POLLAK, RENOLD, SAJOU, TURQUETIL, UZANNE.

Jury des récompenses :

MM. le baron TAYLOR, C. ✻, membre de l'Institut, président; TRESCA ✻, ingénieur, sous-directeur du Conservatoire impérial des arts et métiers, vice-président; DESNOS-GARDISSAL, ingénieur civil; LABOURIEU, homme de lettres, avec voix consultative, secrétaires; PICOT, O. ✻, membre de l'Institut; NANTEUIL ✻, membre de l'Institut; KASTNER ✻, membre de l'Institut; BARRE fils, ✻, graveur général des monnaies; T. BELLE, architecte; BOQUILLON, bibliothécaire du Conservatoire impérial des arts et métiers; A. BROCHON, maître de forges; CHABAL-DUSSURGEY ✻, peintre aux manufactures impériales des Gobelins et de Beauvais; CLÉSINGER ✻, sculpteur : DIÉTERLE ✻, dessinateur industriel; DUSSAUCE ✻, peintre décorateur; FAURE ✻, professeur à l'Ecole centrale des arts et manufactures; TH. FRAGONARD, peintre à la manufacture impériale de Sèvres; FRANÇOIS, artiste peintre; ED. GUICHARD, dessinateur industriel; KLAGMANN ✻, sculpteur; CH. LABOULAYE, ancien fondeur en caractère; LEMAÎTRE, graveur; CH. LIÉNARD, sculpteur; MANGUIN P. ✻, architecte; MIRAULT ✻, ancien peintre émailleur; MULLERET, ciseleur à la manufacture impériale de Sèvres; SALVETAT ✻, chef des travaux chimiques à la manufacture impériale de Sèvres; SILBERMANN ✻, conservateur des collections au Conservatoire des arts et métiers; THOURET, ancien orfévre; UZANNE, artiste peintre; VITTOZ père ✻, ancien fabricant de bronzes.

EXPOSITION

DES

ARTS INDUSTRIELS

AU PALAIS DE L'INDUSTRIE

AUTORISÉE

Par Leurs Excellences le Ministre d'État, et le Ministre des travaux publics, de l'agriculture et du commerce.

1861

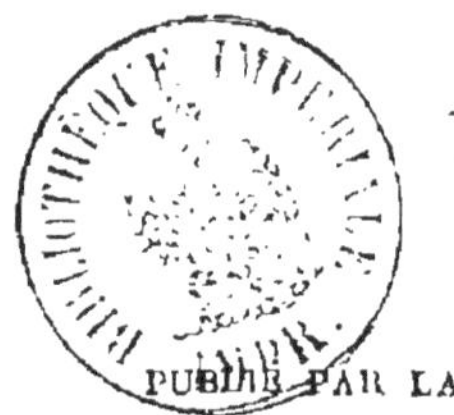

CATALOGUE

PUBLIÉ PAR LA SOCIÉTÉ DU PROGRÈS DE L'ART INDUSTRIEL

DEUXIÈME ÉDITION

PARIS

IMPRIMERIE VALLÉE ET Ce

15, RUE BREDA

1861

EXPOSITION

DES

ARTS INDUSTRIELS EN 1861

RÈGLEMENT.

La *Société du Progrès de l'art industriel* et le *Comité des inventeurs et artistes industriels*, afin de propager le goût des œuvres d'art unies à l'industrie, de conserver leur suprématie à l'étranger, d'attirer par des récompenses l'attention du gouvernement sur les produits des arts industriels, ont décidé :

UNE EXPOSITION DES ARTS INDUSTRIELS aura lieu à Paris en 1861.

L'Exposition des œuvres d'art industriel se tiendra au palais de l'Industrie à dater du 10 septembre de cette année pour finir au 10 novembre.

Dispositions générales.

ARTICLE PREMIER

Sur une décision de la Société du Progrès de l'art industriel, séant à l'hôtel de ville de Paris, en date du 6 juin 1861, le premier vice-président de la Société a été nommé président de la commission d'organisation de l'Exposition des arts industriels.

ART. 2.

Une Commission est instituée pour l'organisation et la direction de l'Exposition.

ART. 3.

Le bureau de la Commission se compose d'un président, de deux vice-présidents, d'un trésorier, du secrétaire général de la Société du Progrès de l'art industriel et d'un secrétaire adjoint.

ART. 4.

Il est nommé un commissaire général chargé de veiller à l'exécution des décisions de la Commission d'organisation.

C'est à lui que devront s'adresser *toutes les demandes ou réclamations.*

ART. 5.

L'Exposition aura lieu au palais de l'Industrie, à dater du 10 septembre 1861 pour finir le 10 novembre 1861.

ART. 6.

L'Exposition comprendra toutes les œuvres d'art ayant rapport à la décoration intérieure et extérieure; les œuvres d'industrie ayant un rapport direct avec l'art.

Cette Exposition se compose de trois sections génériques.

Ces sections sont :

1° Les dessins décoratifs et industriels, peinture et sculpture décoratives; 2° les objets fabriqués et manufacturés ayant un rapport direct avec l'art; 3° dessins scientifiques, photographie et reproduction des objets décoratifs et manufacturés.

Concours spéciaux dans l'art décoratif.

ART. 7.

Ne pourront être admis à l'Exposition que les œuvres d'art industriel et, pour les objets fabriqués, que ceux qui unissent plus directement l'art à l'industrie.

Art. 8.

Le jury chargé de l'examen des produits et des récompenses sera pris parmi les hommes compétents et parmi les membres du jury des expositions nationales. Ce jury aura pour patronage les comités des sociétés savantes.

Art. 9.

Le président de la Commission d'organisation, qui, à la fin des fonctions de la Commission, rentrera dans le jury, sera, par ce seul fait, placé en dehors du concours.

Art. 10.

Le jury, dans son examen des produits, aura à examiner tout d'abord la pensée, la forme, la couleur, l'art en un mot, de l'objet soumis à son appréciation ; les autres questions dont il pourrait avoir à s'occuper ne seraient que secondaires.

Art. 11.

Il pourra être fait exception à l'article 7, s'il s'agit d'un objet reconnu utile à l'art-industriel et reconnu comme tel par le jury d'admission. Dans ce cas, ledit objet pourrait faire partie de l'Exposition ; mais il ne pourrait concourir aux récompenses de l'Exposition des arts industriels. Il pourrait cependant être donné une mention spéciale à son sujet.

Art. 12.

Afin de subvenir aux frais de l'Exposition, l'emplacement occupé par chaque exposant sera payé à raison de cinq francs par mois et par mètre superficiel.

Il ne sera pas accordé moins d'un mètre.

Art. 13.

L'exposant, dont les produits ne pourront être placés en superficie, payera l'emplacement qui lui sera nécessaire à raison de dix francs par mois et par mètre cube.

ART. 14.

Chaque exposant, en faisant acte d'adhésion, aura à indiquer de suite le métrage qui lui sera nécessaire et qu'il sera tenu d'occuper pendant la durée de l'Exposition.

ART. 15.

Pour subvenir aux premières dépenses, chaque exposant aura à payer un mois à l'avance de son emplacement, et ce, au plus tard, le 15 juillet 1861.

ART. 16.

Dans le cas où l'exposant dépasserait le nombre de mètres qu'il aurait souscrits, il aura à tenir compte de la différence, suivant le relevé qui en sera fait par l'architecte de l'Exposition.

ART. 17.

Tout exposant deviendra de droit, s'il ne l'est déjà, membre de la Société du progrès de l'art industriel et de la Société des inventeurs et artistes industriels, et devra se conformer aux statuts et règlements.

La cotisation annuelle pour les deux Sociétés réunies est de 24 francs par an, payable le 15 juillet de chaque année.

ART. 18.

Il sera remis à chacun des membres de la Société un bulletin imprimé où chaque sociétaire indiquera ses nom, prénoms, profession et adresse, la nature de ses produits et l'indication du métrage qui lui sera nécessaire en mètres superficiels ou cubes.

ART. 19.

Lesdits bulletins, portant un numéro d'ordre, devront être renvoyés au secrétariat général, au plus tard, le 15 juillet prochain.

ART. 20.

Sur l'avis du commissaire général, la Commission d'organisation statuera sur l'admission devant le jury d'examen, et le requérant sera informé immédiatement de cette décision.

ART. 21.

La commission aura le droit d'exclure les produits qui seraient incompatibles avec le but de l'Exposition.

ART. 22.

Le commissaire général indiquera aux exposants les places qui leur seront assignées d'après le plan général de la Commission d'organisation.

ART. 23.

Les frais de montage, de démontage et de réemballage demeureront à la charge des exposants.

ART. 24.

Les arrangements et aménagements particuliers seront à la charge des exposants, et ne pourront être exécutés que conformément au plan général. Des entrepreneurs se tiendront à la disposition des exposants. Leurs mémoires, s'il y a lieu, seront réglés par l'architecte de l'Exposition sur la demande qui en sera faite au directeur général.

Cependant les exposants pourront employer, avec l'autorisation de la direction, les ouvriers qu'ils jugeront convenable.

ART. 25.

La Commission prendra toutes les mesures nécessaires pour préserver les objets exposés de toute chance d'avarie; mais dans le cas de dégâts ou d'incendie, le dommage resterait à la charge des exposants.

ART. 26.

Les produits seront surveillés par un personnel convenable ; mais la Commission d'organisation ne sera pas responsable des vols, détournements ou dégâts qui pourraient être commis.

ART. 27.

Chaque exposant pourra faire garder ses produits dans les salles par un représentant de son choix ; mais il devra déclarer avant l'ouverture de l'Exposition le nom et la qualité de ce représentant. Il lui sera délivré une carte d'entrée personnelle, qui ne pourra être cédée ni prêtée, sous peine de retrait.

ART. 28.

Il est interdit aux exposants ou à leur représentant de délivrer des prospectus ou de solliciter les visiteurs à acheter les objets exposés.

ART. 29.

Un livret contenant sommairement l'indication des objets exposés, les noms et demeures des exposants, sera publié par les soins de la Commission le jour de l'ouverture de l'Exposition.

ART. 30.

Les objets exposés ne pourront être retirés qu'après la clôture de l'Exposition.

ART. 31.

Les produits devront être adressés, francs de port, au bureau de classement de l'Exposition, et devront être rendus au palais de l'Industrie le 1er août au plus tard.

Modèle d'adresse :

EXPOSITION DES ARTS INDUSTRIELS.

A Monsieur le Commissaire général de l'Exposition au Palais de l'Industrie, à Paris.

Envoi de (nom et prénoms de l'exposant),
demeurant à
Nature des produits

Art. 32.

Dès que les produits auront été admis et enregistrés, nul ne sera admis à les retoucher.

Art. 33.

Aucun objet exposé ne pourra être reproduit, sous quelque forme que ce soit, sans une autorisation du propriétaire.

Art. 34.

Seront reçues sans examen, mais en se conformant toutefois à l'article 7 du présent règlement, les œuvres des artistes ou fabricants décorés pour leurs travaux industriels, ou ayant obtenu une médaille de première classe à l'Exposition universelle de 1855.

Art. 35.

Le produit des entrées et de la location des places sera employé aux frais occasionnés pour ladite Exposition, et le surplus sera versé à la caisse de secours mutuels des inventeurs et artistes industriels fondée par M. le baron Taylor.

Art. 36.

Droit d'entrée à l'Exposition.

Les dimanches, le droit sera de	» fr.	20 c.
Les lundis, mardis, mercredis, jeudis et samedis, de	»	50
Les vendredis, de	2	»

CONCOURS.

Portes de communication des salles de l'Exposition.

CONCOURS DE PORTES DÉCORATIVES.

Sont appelés à concourir :

La sculpture.
Le moulage.

La peinture décorative.
La sculpture et la peinture réunies.
La céramique.
La galvanoplastie.
Le zinc.
La tapisserie.

CONDITIONS DU CONCOURS.

1o Lesdites portes, devant servir de communication entre les salles de l'Exposition, n'auront que les chambranles et entablements.

2o Les artistes qui concourront pour les portes décoratives pourront, en outre, donner un dessin en réduction au dixième de la porte complète, indiquant les vantaux. Ledit dessin supplémentaire sera placé dans la même salle où sera la porte exécutée.

3o Des portières en étoffes drapées, ne gênant pas la circulation, sont admises.

4o La mesure entre tableau est de 3 mètres de large sur 4 mètres de haut.

ART DE LA TAPISSERIE.

Concours de fenêtres décoratives.

Sont appelés à concourir :
Les tapissiers décorateurs.

Conditions du concours.

Les bois de fenêtres, les glaces et la sculpture pourront être simulés par de la peinture décorative, le concours étant réservé spécialement à l'art de la tapisserie.

Mesure à volonté.

CONCOURS POUR LE MODELAGE.

Sont appelés à concourir :
Les sculpteurs et les modeleurs.

Conditions.

Concours de maquettes pouvant s'approprier à la fonte de fer, au bronze, à l'orfévrerie, à la céramique et au bois.

Nota. Pour les trois concours ci-dessus désignés, les œuvres des artistes concourants seront reçues sans examen préalable, et le jury des récompenses sera seul juge du concours.

L'article 20 du présent règlement ne leur sera pas applicable.

Organisation du jury.

ART. 37.

Pour l'examen des produits et pour l'application des récompenses, il sera créé :

1° Un jury d'examen;

2° Un jury des récompenses.

ART. 38.

Le jury des récompenses commencera ses fonctions quinze jours après l'ouverture de l'Exposition. Les exposants seront prévenus de la réunion du jury par ordre d'inscription, et chaque exposant ou son fondé de pouvoirs sera appelé à donner des explications sur ses produits.

ART. 39.

L'enquête terminée, le jury statuera sur les récompenses, d'après un rapport motivé.

ART. 40.

Les récompenses seront distribuées en séance solennelle à la fin de l'Exposition.

ARTICLE SUPPLÉMENTAIRE.

Si des changements ou additions au présent règlement devenaient nécessaires, ils seraient affichés dans les salles de l'Exposition le jour de l'ouverture.

Paris, le 26 juin 1861.

Les membres de la Commission :

M. le baron TAYLOR, président d'honneur. C. ❋.

MM. E. GUICHARD, président; Ph. MOUREY, premier vice-président; LEROLLE, deuxième vice-président; MINGAUD (du Gard), commissaire général; Th. LABOURIEU, secrétaire général; PENON, secrétaire adjoint; DE BAYLEN, Aimé GROS, A. LEFÉBURE ❋, SCHÆFFER-ERARD, VEYRAT, HERMANN ❋, MAZAROZ, LENFANT, CHOCQUEEL, SAJOU ❋, TURQUETIL, trésorier.

Certifié conforme :

E. GUICHARD,
Président de la Commission d'organisation.

Principales industries artistiques appelées à concourir.

Bronzes, bronzes imitation, bijouterie, broderies, armurerie artistique, albâtre, acier poli, cartons-pierre, cartonnage, chimie appliquée aux arts, ciselures, machines à coudre, coutellerie, cristaux et verrerie, cuivre en relief, dessins industriels, ébénisterie, émaillures, encadrements, estampes, étiquettes, éventails, faïences artistiques, façonnages, fleurs artificielles, fontes artistiques, galvanoplastie; gravures, gravures sur bois, sur métaux et sur pierre; imagerie, typographie, lithographie, gravures en taille douce; chromo-lithographie, impressions sur étoffe, joaillerie, jouets artistiques, cadre orné, librairie artistique, marbrerie, matière artificielle, menuiserie artistique, meubles et décorations d'intérieur, de parcs et de jardins, mosaïque, orfévrerie, papier peint, papiers de fantaisie, peintres décorateurs, peintres-verriers, photographie, pianos, plomberie artistique, porcelaine, poterie, quincaillerie, reliures, sculptures et ornements, tapis, tapisseries, décors de porte et de fenêtre, terres cuites, tourneur en bois, vannerie artistique, vitraux peints, zinc artistique, etc., etc.

Dans la troisième section, il sera accepté des photographies représentant les types des industries diverses classés dans les deux sections. Ces photographies consacreront la priorité et la propriété des modèles exposés, *et le double en sera déposé à la commission internationale de l'Exposition universelle de Londres.*

EXPOSITION DES ARTS INDUSTRIELS

A MESSIEURS LES MEMBRES DE LA COMMISSION D'ORGANISATION DE L'EXPOSITION DES ARTS INDUSTRIELS.

(Le caractère et le but de cette exposition.)

Messieurs,

Le *Comité des inventeurs et artistes industriels* a chargé la *Société du Progrès de l'art industriel,* sous le patronage de M. le baron Taylor, d'organiser au *palais de l'Industrie* notre Exposition des Arts industriels; de plus, par un vote de cette dernière Société, son premier vice-président, président de votre commission, a été autorisé, messieurs, à faire un appel à votre expérience au sujet de cette exposition toute nouvelle et qui a un triple but : d'abord, de bien définir un art qu'on ignore et qui s'ignore; de préparer en dehors de notre prochaine exposition, celle qui aura lieu à Londres; puis de constater par une entente forte, généreuse et sincère, la suprématie des arts industriels français à l'étranger.

Ce but que la Société du Progrès de l'art industriel, aidée du Comité des inventeurs et artistes industriels, désire atteindre, ne peut cependant être complétement atteint sans votre concours absolu.

Trop longtemps, des hommes de théorie, vivant en dehors des conditions et des exigences du travail, ont été les constatateurs de vos progrès; si vous n'enviez pas les honneurs de formuler les mérites dus à vos constantes initiatives, provoquées par la nécessité, du moins est-il temps de vous laisser le soin d'écarter certains systèmes funestes, qui ont entravé vos progrès, dont le mal évident ne pouvait être contre-balancé par le dédain!

Voilà, messieurs, la tâche que nous attendons de votre concours, en faisant appel pour l'organisation de *notre Exposition des arts industriels au palais de l'Industrie*, à vos aptitudes si diverses et si complexes.

Aujourd'hui, messieurs, vous le savez et vous en gémissez, l'art industriel, c'est le chaos! Là, tout est confondu, mêlé, abâtardi, genre et style, forme et couleur; en dépit de notre goût inné, aucune règle primordiale, aucun sentiment, aucun esprit d'ensemble ne vient réglementer, caractériser, harmoniser, dans un type homogène, les arts industriels.

D'où vient le mal, dont l'étranger même s'aperçoit aujourd'hui, malgré la supériorité incontestable qu'il nous envie?

Le mal vient de ce que les artistes industriels n'ont eu jusqu'à ce jour aucun moyen d'activer, de stimuler leur émulation; le mal vient de ce que, à l'encontre des anciennes époques des confréries du moyen âge et de la renaissance, il n'y a plus de champ clos, permanent, ouvert à l'artisan, unissant l'*art* à l'*industrie*.

Voyez, messieurs, sans parti pris, où en sont réduits les arts industriels, que l'on n'admet qu'à la condition d'avoir un siècle d'existence?

La négation actuelle est non-seulement dans les choses, elle est encore dans les mots; c'est logique. Or, par le fait du peu de retentissement produit par les arts industriels modernes, bien des gens viennent nous défier de nous dire où finit l'art proprement dit, où commence l'art industriel.

Nous croyons, cependant, que la question est toute posée d'elle-même; nous croyons que l'art, dès qu'il entre depuis le panneau décoratif, depuis la statue de bronze, jusqu'au plus modeste dessin d'impressions et de broderies, nous croyons, que dès que l'art entre sur le domaine de l'*utilité*, il devient *art industriel.*

Loin de nous la pensée de vouloir former un camp hostile devant un camp plus imposant que le nôtre ; nous laissons aux beaux-arts leurs mérites, leurs gloires individuelles ; mais, au nom même de ces gloires, nous demandons qu'on nous laisse les nôtres, qui peuvent encore les populariser, qui, plus modestes, procèdent autant de la collectivité que celles des beaux-arts procèdent de l'individualité, fait caractéristique qui, de lui-même encore, assigne une place aux arts industriels! place bien distincte de celle plus supérieure qu'il faut laisser, pour l'orgueil du pays, aux beaux-arts proprement dits.

Si, grâce au dévouement infatigable de M. le baron Taylor, qui est toujours là où s'affirme un malheur, un déclassement ou un oubli, nous avons obtenu de l'administration, l'autorisation d'organiser l'*Exposition des arts industriels* sur le programme que vous allez être appelés à formuler, si déjà depuis quelques années, la donnée première de ce progamme a été indiquée, si des artistes d'une génération précédente ont éveillé, les premiers, l'attention du gouvernement, sur un art dont le commencement de ce siècle n'avait tenu aucun compte, qui, jusqu'en 1849, était à peine classé aux expositions industrielles, c'est que les temps sont bien changés depuis vingt années; c'est que l'étranger, l'Angleterre surtout, ne nous permet plus de nier un art que l'ignorance ne peut plus condamner, que l'intérêt, mal entendu, pourrait seul contester dans un but que nous connaissons, que nous voulons encore vous désigner, à vous, messieurs, qui voulez bien nous aider dans notre tâche si délicate, si difficile, si hardie et si scabreuse.

Nous voulons parler de la question de la *coopération* dans les œuvres d'art industriel, problème si difficile à résoudre et que l'*Exposition des arts industriels, au palais de l'Industrie*, tient surtout à développer.

Jusqu'à présent, messieurs, nous croyons qu'on s'est trompé de part et d'autres, à propos de cette question brûlante qui paraît comme un épouvantail à certains chefs d'industrie, qui est toujours signalée comme une menace, de la part de certains producteurs, trop jaloux de leurs mérites personnels et spéciaux.

Si l'*Exposition des arts industriels* tient, sans restriction, à faire la part de chacun, comme l'indique son progamme, l'Exposition des arts industriels veut aussi reconnaître, et avant tout, la tête qui fait mouvoir les bras du grand corps du travail.

Nous savons très-bien que la puissante force d'expansion de l'industrie moderne a changé complétement l'ancien mode de travail des maîtrises du moyen âge et de la renaissance : nous savons que les Bernard de Palissy et les Benvenuto modernes ne peuvent résumer aujourd'hui en eux seuls tout leur art inimitable; nous savons qu'il a surgi, à notre époque si différente de ces époques, des esprits d'élite qui, sans avoir le temps de créer, ont le rare privilége de commander à la production, de l'assimiler à leur goût qui constitue le goût public; de leur imprimer un caractère inhérent à leur nature qui devient, pour un moment, le caractère artistique de la France industrielle.

Si je vous citais, messieurs, les industriels de bronze ou de tissus, où se rencontrent ces chefs d'industrie, comme le public, vous me diriez bien vite leurs noms.

Ce n'est pas seulement le soldat héros, et que l'on décore, à juste titre, qui gagne les batailles, c'est aussi, et avant tout, le grand capitaine qui fait aussi les héros.

Ce qui est vrai pour la guerre est plus vrai encore pour l'industrie et pour l'art.

Donc, tout en faisant la part des collaborateurs, et d'une manière absolue, nous reconnaîtrons avant tout les industriels d'art qui, sans avoir touché un crayon ou un pinceau, se sont fait les ordonnateurs de plusieurs branches de l'art industriel, dont la parole est aujourd'hui un oracle, qui par le fait de leur goût inhérent à leur nature, commandent à des légions de producteurs et d'artistes qui, sans eux, ignoreraient leurs aptitudes et ne sauraient où écouler leurs produits.

Oui, nous serons, sans restriction, partisans de la collaboration *indépendante* dans les œuvres d'art unies à l'industrie ; mais nous serons aussi sans partialité, nous ne dirons pas comme cet ouvrier qui s'étonnait qu'un ingénieur eût trouvé, sur le papier, un nouveau système de cafetière : *C'est possible,* disait-il, que *son système soit bon, mais il n'est pas ferblantier !*

Messieurs, la *Société du Progrès de l'art industriel*, qui a eu l'initiative pratique, dans la personne de son premier vice-président, président de votre Commission de l'*Exposition des arts industriels*, sera heureuse de voir venir à elle tous ceux qui concourent au progrès de l'art uni à l'industrie ; pour réussir dans son œuvre, elle ne fera aucune exclusion, elle n'aura en vue qu'un but : celui d'un encouragement sans bornes pour tout ce qui produit, celui de conserver, par tous les moyens possibles, cette suprématie de bon goût révolue aux articles de Paris et aux produits français.

Si les fabricants unissant l'art à l'industrie, si tous les artistes industriels, comprennent bien l'idée, le caractère et la portée de cette Exposition, tant réclamée depuis vingt ans, et que nous avons essayé d'esquisser ici, nous pouvons leur assurer que la conquête que l'Angleterre désire remporter sur nous sera encore une fois ajournée, et que l'administration ne fera pas défaut à notre patriotisme.

Approuvé par MM. les membres de la Commission.

Le secrétaire général :

THÉODORE LABOURIEU.

PRÉAMBULE ET MÉMOIRE

REMIS A SON EXCELLENCE LE MINISTRE DE L'AGRICULTURE ET DU COMMERCE.

A l'ouverture de l'Exposition des Arts industriels, les membres de la Commission de l'Exposition ont été reçus par Son Excellence le ministre de l'agriculture, des travaux publics et du commerce.

Cette Commission, présidée par MM. le baron Taylor et Guichard, président de la Commission d'organisation, avait pour but : d'indiquer à M. le ministre la portée caractéristique de cette exposition toute nouvelle, et de solliciter pour ses plus dignes lauréats *des Médailles du gouvernement*.

A la suite d'une allocution de M. le baron Taylor, M. le président de la Commission d'organisation a pris la parole ; il a lu à M. le ministre un Mémoire tendant à indiquer d'une manière précise le *caractère* de l'Exposition des Arts industriels, *son importance* et *l'ensemble* des résultats *qu'elle peut faire espérer*, comme le demandait M. le ministre du commerce dans sa lettre du 4 avril 1861, adressée à la *société du Progrès de l'Art industriel*, qui a eu l'initiative de cette exposition.

Voici ce Mémoire :

A SON EXCELLENCE, LE MINISTRE DES TRAVAUX PUBLICS, DE L'AGRICULTURE ET DU COMMERCE.

Monsieur le Ministre,

L'Exposition des Arts industriels inaugurée cette année, avec les propres ressources des exposants, est aujourd'hui un fait accompli.

Sans rien déplacer, dans les conditions actuelles de l'art moderne, cette exposition ouvre une nouvelle voie à un grand nombre d'artistes qui, jusqu'à ce jour, ne savaient comment donner un aliment à leur vocation.

Que d'exemples avons-nous vus, pendant ces dernières années où des artistes, inspirés par les besoins de leur époque, se voyaient repoussés des Beaux-Arts parce qu'ils étaient considérés comme des industriels, puis repoussés de l'industrie parce qu'ils étaient considérés comme des artistes étrangers à l'industrie même qu'ils configuraient !

Voilà, monsieur le Ministre, la première lacune que l'exposition des Arts industriels a tenté de combler, en ouvrant à tous les artistes cette voie nouvelle au point de vue du bien-être moral et du progrès : voie féconde qui dégrèvera le budget des beaux-arts des impôts successifs prélevés par des esprits d'élite ne sachant encore comment faire prédominer leurs talents. C'est aux chefs d'industries, unissant l'art au travail, que devra revenir la priorité de l'idée et de la réalisation, tant mise en doute, de l'exposition des Arts industriels.

Cette exposition prouve aujourd'hui que l'industrie, réunie à l'art, s'est dégagée des entraves qui gênaient sa libre manifestation, qu'elle peut se produire par elle-même sans autre appui que celui des hommes qui s'y consacrent.

Après avoir indiqué la lacune que cette exposition comblait entre l'industrie proprement dite et l'art pur et simple, permettez-nous, monsieur le Ministre, d'indiquer aussi son but.

Son but est de parvenir à former le goût du public, à répandre le goût du beau, à faire justice des formes défectueuses qu'affecte trop souvent l'art industriel, à conserver la suprématie de l'industrie française sur celle des autres pays.

Pour arriver à ce but, l'exposition des Arts industriels a composé son jury d'examen de peintres, d'architectes, d'artistes décorateurs, de sculpteurs et ciseleurs qui, élevés dans l'industrie, sont parvenus sur le domaine des beaux-arts, par le seul pouvoir de leur vocation, tout en restant dans les conditions les plus abstraites, les plus rigoureuses de l'art industriel.

Ainsi, monsieur le Ministre, le jury de l'exposition des Arts industriels, n'aura-t-il donc à examiner que la forme, la couleur, l'*art*, en un mot, dans l'industrie ou la *manière* la plus ou moins parfaite dont la pensée de l'artiste se sera manifestée dans son œuvre.

Mais, à côté du but que veut atteindre le jury, il en existe un autre assigné par la commission d'organisation de cette exposition, représentée par les chefs d'industrie qui ont eu l'initiative de cette exposition toute nouvelle.

La commission d'organisation a donc aussi un autre but :

Celui d'arriver en France à ce que l'industrie puisse se produire d'elle-même, sans l'aide de l'État, comme aux époques antérieures ; de grandir, à l'aide de ses propres ressources.

Cependant, monsieur le Ministre, la commission d'organisation pense que pour activer l'émulation des artistes qui se sont voués à l'industrie, il serait utile, comme votre ministère l'a pensé, d'accorder à ces artistes des *Médailles du gouvernement*; car, comme dans les beaux-arts, l'homme d'imagination et de talent n'a, dans l'industrie, pour toute fortune, que celle qui relève de la considération et de la popularité acquises à ses mérites.

C'est, du reste, pour les faire valoir encore qu'a surgi en France l'idée de notre exposition des Arts industriels.

Cette idée devait naître tôt ou tard ; car l'art n'est, en réalité, que la théorie du beau ; l'industrie en est la pratique, même dans ses conditions les plus positives.

L'influence des beaux-arts sur les mœurs est depuis longtemps hors de doute.

Ce qui est moins reconnu, c'est que l'art industriel puisse avoir, comme les beaux-arts, une puissante action sur la société.

Plus modeste en lui-même que l'art proprement dit, il n'en contribue pas moins, dans la mesure de ses forces, au but que celui-ci doit se proposer : à paralyser les mauvais instincts, à élever l'esprit par la manifestation du bien.

Pour arriver à ce résultat, il faut que l'art industriel unisse dans toutes ses parties les principes du beau, et dans toutes les formes conçues par lui ; il faut que, depuis le bronze d'art le plus irréprochable jusqu'à l'œuvre la plus modeste, jusqu'au plus infime pot de terre, l'art du riche devienne aussi l'art du pauvre, au nom de l'unité, de la nationalité de l'art.

Voilà, surtout, monsieur le Ministre, la pensée primordiale, la pensée, pour ainsi dire, aussi artistique que patriotique, qui a présidé, par la commission d'organisation, à la première installation de l'exposition des Arts industriels en France.

Si l'art industriel, trop fidèle encore à des traditions séculaires, en dehors du but et de la mission que nous signalons, si l'art industriel, malgré sa nouvelle destinée, fait toujours un fréquent emprunt aux autres siècles, la commission d'organisation et le jury de cette exposition veulent éviter que cette tâche, toujours difficile, soit faite par des mains inhabiles ou ignorantes.

L'exposition des Arts industriels, dans sa première installation, bien modeste encore, désire déposer contre le mauvais goût, l'inexpérience ou la négligence de leurs auteurs.

C'est à ce double point de vue que nos expositions d'Art industriel, monsieur le Ministre, doivent faire réellement l'éducation des masses ; c'est en n'examinant que le côté artistique des objets soumis à leur appréciation, que la commission d'organisation et le jury de cette exposition sollicitent, pour les artistes de l'industrie, des médailles du Gouvernement, au nom même des considérants que nous avons pris la liberté de soumettre à Son Excellence,

En présentant à monsieur le Ministre les salutations respectueuses

De ses très-humbles et dévoués serviteurs,

Les Membres de la commission d'organisation :

MM. E. GUICHARD, président; MOUREY (Ph.), premier vice-président; LEROLLE, deuxième vice-président; MINGAUD (du Gard), commissaire général; LABOURIEU, secrétaire général; PENON, secrétaire adjoint; TURQUETIL, trésorier; DE BAYLEN, Aimé GROS, A. LEFÉBURE, HERMANN, MAZAROZ, VEYRAT, SCHÆFFER-ERARD, LENFANT, SAJOU, CHOCQUEEL.

MM. UZANNE, FRANÇOIS, POLLACK, RENOL, membres de la commission des fonds.

Pour copie conforme :

THÉODORE LABOURIEU.

CATALOGUE

DES OBJETS EXPOSÉS

---

1 — ALEXANDRE (Jules-Henry), miroitier, faubourg Saint-Antoine, 93.

Glaces et consoles.

2 — ANTHONI (Charles-Gustave), mécanicien, rue Neuve Coquenard, 32.

1° Épreuves dont les négatifs sont obtenus en pleine lumière par le laboratoire portatif.

2° Laboratoire portatif pour photographie, destiné à opérer en pleine lumière, sur collodion humide, sans tente de voyage.

Nota. — Toutes les opérations se font mécaniquement.

3 — APPEL (François-Antoine), imprimeur lithographe, rue du Delta, 12.

1° Étiquettes et ornements en couleurs, gaufrés et découpés, pour les manufactures d'étoffes de tous genres, et pour tous les genres d'industrie en général.

2° Tableaux pour étalage sur tôle vernie et sur carton. (Articles nouveaux.)

3° Impressions en lithographie et impressions en taille-douce.

Nota. — Trente presses fonctionnent sans interruption dans l'établissement de M. Appel, et six balanciers sont en mouvement dans cette fabrication qui occupe un personnel de soixante-quinze ouvriers.

4 — ARMENGAUD (Aimé-Paul-Eugène), décorateur boulevard de Strasbourg, 37.

1° Carton-cuir repoussé pour tentures.

2° Reproduction par imitation des anciens cuirs de Cordoue coloriés, vernis, dorés et argentés.

5 — BADIN (Charles), tapissier, rue Amelot, 85.

6 — BALLY (Philibert), 46, rue de Bondy.

Fabricant d'*horlogerie* et de bronzes.

Horlogerie brevetée, *bronzes modèles* de sa maison.

Type A. — Pendule en marbre avec horlogerie brevetée sans garantie du gouvernement. Cette pendule se distingue entre toutes par son horlogerie soignée, son calendrier mécanique dit perpétuel. Il suit toutes les différences des dates, même celle d'un jour en février de l'année bissextile.

Remontez chaque quinzaine le mouvement donnant l'heure et la sonnerie.

Sur les cadrans on lit : le jour de la semaine, la date du mois, le mois de l'année, l'année commune de 365 jours ou celle bissextile de 366 jours, enfin les phases lunaires qui croissent ou décroissent, faisant tableau par une décoration céleste, ornée de deux figures allégoriques peintes sur émail représentant le Jour et la Nuit présidant à ces révolutions du calendrier dit perpétuel.

Ce mécanisme se distingue aussi entre tous par son principe faisant l'objet du brevet, parce qu'il est le seul qui puisse être mis en marche sans méthode ni apprentissage.

Cette pendule, hauteur 0,52. . . . . 350 fr.

La même, sans thermomètre, 0,47. . . . 270

Même genre, formes variées, de 200 à 600 fr.

Type B. — Pendule vrai bronze doré par le mercure, ancien procédé. Prix : 600 fr.

7 — BARDOU (François-Émile), fabricant de porte-bouteilles en fer, rue Neuve-des-Petits-Champs, 31.

Porte-bouteilles en fer, remarquables par leur fermeture à coulisses sans développement.

8 — BARRÈRE (Ernest-Louis), dessinateur industriel, rue Sainte-Anne, 44.

Un tableau de deux dessins composé et fait à l'aquarelle par E. Barrère, représentant, savoir :

1° Un porte-cigares, coupe en porcelaine avec garniture en bronze doré.

2° Une buire en porcelaine avec garniture en bronze doré.

9 — BAUQUÉ (Edmond), fabricant d'instruments de mathématiques, rue Vieille-du-Temple, 91.

1° Cassette d'officier.

2° Boussoles.

3° Méridiennes.

10 — DE BAY (JEAN), ❄ statuaire, route d'Orléans, 107.

Céramique d'art : sculpture, architecture de tout style.

Nota. — Dépôt, passage Colbert, rotonde 5.

11 — BEAUDOIRE (LOUIS-STANISLAS), relieur-papetier, rue Chapon, 21.

Albums à photographies, à dessins ; carnets et registres.

12 — BEAUFOUR-LEMONNIER (ALPHONSE-LÉON), bijoutier, dessinateur en cheveux, boulevard des Italiens, 10. Fournisseur breveté de LL. MM. II. de France et de Brésil.

Ouvrages d'art et bijoux en cheveux.

Créateur de la bijouterie en cheveux, industrie qui a pris en quelques années un très-grand développement ; les premiers essais furent ceux exposés à Londres, en 1851, où M. Lemonnier obtint la récompense *prize medal*, et un rapport très-favorable du jury international.

En 1855, à l'exposition universelle de Paris, il obtint la seule médaille accordée à cette industrie. A la suite de cette solennité, il a exposé un important ouvrage d'art de sa spécialité dans le musée royal Fomento à Madrid.

13 — BÉCHARD (HIPPOLYTE-ANTOINE), peintre héraldique, rue Jean-Goujon, 31.

14 — BECKER ET OTTO, fabricants d'objets de fantaisie en bois des îles, rue du Temple, 79.

1° Ébénisterie de fantaisie en bois des îles.

2° Caves à liqueurs.

3° Caves à odeurs.

4° Boîtes à cigares.

5° Boîtes à thés.

6° Boîtes à gants.

7° Boîtes à mouchoirs.

8° Boîtes-nécessaires.

9° Porte-montre, pupitre, plombs à ouvrage.

15 — BELLAVOINE (Eugène), fabricant de toiles à peindre, rue de l'Arbre-Sec, 3.

Toile aérophile, à fonds de couleurs variées à l'usage des photographes.

Nota. — Ces toiles peuvent s'harmoniser avec l'ameublement, le costume et le teint du modèle.

16 — Mlle BEREUX (Jenny), spécialité de toilettes de poupées, rue de Hanovre, 21.

Toilettes de poupée.

Nota. — Toilettes diverses, assortiment complet, en diminutif, du matériel exigé pour le confort et le luxe d'une élégante.

17 — BESNARD (Hippolyte-François), fabricant de bronzes imitations, rue Saint-Sébastien, 41.

Pendules, statuettes, coupes et candélabres.

1° Une pendule Amour et Fidélité n° 1, dorée.

2° Une pendule Famille arabe.

3° Une pendule Guillaume le conquérant.

4° Une pendule Pandore n° 1 avec ses candélabres.

5° Une pendule Christ aux enfants.

6° Une pendule Agriculture.

7° Une pendule Saint-Michel.

8° Une pendule Vendange et Moisson, socle albâtre.

9° Une pendule Hamlet n° 2, socle albâtre.

10° Une pendule Raphaël.

11° Une pendule Vendangeur.

12° Une pendule Minerve n° 1 or et platine.

13° Une pendule Hamlet n° 2 or et platine.

14° Une garniture Louis XVI or et platine

15° Une garniture Trophée guerrier or et platine.

16° Une garniture Grecque or et platine.

17° Une garniture Renaissance or et platine.

18° Une garniture Flore dorée.

19° Deux bustes Simplette et Coquette or et platine.

20° Une famille arabe bronze et socle marbre.

21° Une Minerve n° 1 bronze socle marbre.

22° Un Pascal n° 1 bronze et socle marbre.

23° Une Pandore n° 2 bronze et socle marbre.

24° Une Simplette or et platine sur onyx.

25° Un Lion bronze socle marbre.

26° Un Braque bronze socle marbre.

27° Un Levrier bronze socle marbre.

28° Un Scipion n° 1 bronze socle marbre.

29° Un Annibal n° 1 bronze socle marbre.

30° Une Tresseuse or et bronze.

31° Une garniture Neptune et Pluton n° 1 bronze.

32° Une garniture Zéphyr et Tellus bronze.

33° Une garniture Mexicains bronze.

34° Une garniture Pierre le Grand et Charles XII bronze.

35° Une garniture Cipayes bronze.

36° Une garniture Flore et Pomone.

37° Une garniture Gaulois guerrier, bronze.

Nota. Toute la dorure de ces bronzes imitations est due au procédé électro-chimique de la maison Philippe Mourey.

18 — BINANT (Louis-Alfred), fabricant de toiles à peindre, rue de Cléry, 5 et 7, fabrique rue Rochechouart, 70.

Toiles préparées pour décors et plafonds d'appartements.

Nota. — Ce nouveau genre de toile, par sa préparation, est d'une grande souplesse, et joint à cet avantage, ce qui a manqué jusqu'à ce jour, l'agrément de dimensions illimitées, et atteignant en largeur huit mètres sans coutures, plus une économie très grande sur les prix actuels de la toile à peindre. (Voir le *Journal Manuel de Peinture*, juin 1861, page 22.)

19 — BINET (Marie-Bernard), fabricant de couleurs, rue Sedaine, 25.

Couleurs pour peinture sur porcelaine, déjà exposées en 1844, considérées par les fabricants et le jury comme les plus belles couleurs de l'époque et récompensées d'une médaille d'argent.

1° Vert émeraude.

2° Jaunes d'antimoine, nouveaux.

Ces jaunes, de plusieurs nuances, sont destinés à remplacer le jaune de Naples, auquel ils sont de beaucoup supérieurs par leur éclat et leur solidité.

Ces jaunes ont été présentés en 1836 à la Société libre des Beaux-Arts, qui a décerné à leur auteur une médaille d'argent.

3° Jaunes de fer (dits jaunes de Mars). Confectionnés par des procédés particuliers qui les produisent de plusieurs nuances ; ces jaunes sont d'une solidité reconnue.

Nota. — Le vert émeraude, de cet exposant, est le plus solide de tous les verts connus.

20 — BINET père et fils, ébénistes en nécessaires, faubourg Saint-Denis, 16.

Ébénisterie de fantaisie, spécialité de caves à liqueurs et nécessaires en palissandre, bois de rose, ébène, violette, thuya, chêne sculpté, incrustation cuivre, écaille, nacre, ivoire, or et argent.

Mentions honorables aux Expositions de New-York 1853 et Bordeaux 1859.

BLANCOUD. (Voir *JARDIN*.)

21 — BLONDEL (ALPHONSE), fabricant de pianos, magasins, rue de l'Echiquier, 53; fabrique, rue Duperré, 15 et 17.

Deux pianos :

1° Un piano droit palissandre, clavier modèle 7 octaves, 3 pédales et 3 cordes.

2° Un piano orgue à un seul clavecin au moyen duquel on peut jouer à volonté le piano ou l'orgue, ou les deux ensemble, ou bien moitié l'un et moitié l'autre, le système se divisant en deux parties égales.

3° Un piano, modèle ordinaire, monté avec un nouveau système de cordes platines et inoxydables, préparées par les procédés de M. MOUREY.

Nota. — Cette dernière innovation est applicable pour tous les instruments destinés à être envoyés dans les climats humides.

22 — BLOT et Ce, fabricant d'imitation de bronzes, rue des Enfants-Rouges, 8.

1° Garnitures de cheminées : coupes, vases et statuettes.

2° Pendule Rubens et Rembrandt, avec candélabres Vélasquez et Murillo, formant garniture.

3° Garniture Rubens et Rembrandt, or mat, avec candélabres Vélasquez et Murillo.

4° Garniture égyptienne, toute dorée, avec candélabres dorés.

5° Garniture Passage du Désert, avec candélabres, le tout doré.

6° Groupes Cent-Gardes et Horse-Guards (tout bronzé.)

7° Groupes Passage du Désert, or et bronze.

8° Statuettes Musiciens arabes.

9° Statuettes Rubens et Rembrandt.

10° Statuettes de Savoisiens.

11° Statuettes Méphistophélès et Don Quichotte.

12° Groupe de Bécassines.

13° Groupe de Faunes, porte-cigares.

14° Surtout de table.

15° Médaillons Christ et Vierge.

23 — BOITOUZET (JULES-EUGÈNE-FRANÇOIS), photographe, rue Saint-Marc-Feydeau, 6.

24 — Mlle BONNEVAUD (ÉLISA), ouvrages de laine pour salon, rue des Marmousets-Saint-Marcel, 5.

Ouvrages de laine, nouveau genre, pour ornement de salon ; fleurs, écrans, dessus de vase, franges et cordons de sonnettes.

25. — BOREL, fabricant de serrurerie artistique pour ameublements et ornementation des parcs, jardins et salons, quai de l'École, 10.

1° Bancs, chaises, fauteuils, tables en fer, tabourets, etc.

2° Cages, volières, jardinières.

3° Boules panoramas de toutes couleurs.

4° Nouvelle bordure en fonte imitant le bois rustique pour bordure d'allées ou pour former les corbeilles. Breveté sans garantie du gouvernement.

26 — BOUGENAUX-LOLLEY (Etienne-Désiré), fourreur, rue Saint-Honoré, 247.

27 — BOURET et FERRÉ (T.), graveurs-estampeurs pour bijoux d'or et d'argent, rue du Perche, 11.

1° Chatons et paniers servant à la joaillerie et bijouterie, découpés et estampés massifs sur l'or et l'argent. Dispositions et dessins variés.

2° Bagues estampées et découpées massives à diverses forces sur l'or et l'argent. Formes et dessins variés.

3° Bagues, dites chevalières, diverses formes estampées et découpées massives, aux forces les plus épaisses sur l'or et l'argent; brisures, galeries, croix laminées et découpées massives.

Nota. — Ces articles sont fabriqués au moyen d'outils dont la combinaison est spécialement appliquée aux travaux de leurs auteurs.

28 — BOUTUNG (François), ébéniste, rue du Faubourg-Saint-Antoine, 97.

1° Un buffet en noyer noir.

1° Un bureau de dame.

29. — BOY, fabricant, 96, rue Saint-Louis, au Marais.

1° 837. — Milieu de table trophée chasse. Dorure, argenture Mourey.

2° 816. — L'Eau, l'Air, la Terre, le Feu, quatre éléments.

3° 567. — Deux statuettes Chasse et Pêche.

4° 827. — Deux statuettes, musiciens d'après Callot.

Une garniture de cheminée Amour aux fleurs, dorure Mourey.

Une garniture de cheminée Enfants au pressoir, dorure Mourey.

5° 822. — Une statuette Pierrot, argenture Mourey.

6° 540. — Deux statuettes Moisson et Vendange.

7° 804. — Une statuette Don Quichotte.

8° 693. — Une statuette Méphistophélès.

9° 778. — Un groupe Turco.

10° 584. — Un groupe Enfant au pipeau, nature.

11° 684. — Un vase grec avec plateau.

12° 748. — Une coupe.

13° 691. — Un groupe Chloé.

Une garniture de cheminée, la Loi.

14° 707. — Un groupe trois nymphes.

15° 765. — Un groupe quatre Saisons.

16° 541. — Un groupe Esculape.

Une garniture de cheminée étrusque.

Une garniture de cheminée Toilette de Flore.

Une garniture de cheminée Bivouac, dorure et platinage Mourey.

Une garniture de cheminée Rubens, dorure et platinage Mourey.

17° 698. — Deux bustes Rose et Marguerite.

18° °843-845. — Deux bustes Diane de Poitiers et du Barry.

19° 672. — Deux groupes, Voltaire et Mlle d'Estrées, Jean-Jacques Rousseau et Mme de Warens.

20° 555. — Deux statues, officier et soldat allemands.

Deux statues, Chinois (homme et femme). Ces statues ont été reproduites en galvanoplastie par MM. Lionnet frères.

21° 368. — Deux statues, Indiens (homme et femme).

22° 697. — Deux statues, femmes Renaissance.

Une statue Rêverie, nature.

30 — BOYER (Amédée), fabricant de flacons et boîtes artistiques, rue Taranne, 14.

31 — BOYER (François-André), monteur en bronze, boulevard de la Chopinette, 14.

Morceau d'architecture représentant le portique sur double face de l'église Saint-Sulpice, fait en cuivre plein, creusé dans la masse, composé de deux mille trois cent quatre-vingt-onze morceaux montés à vis.

32 — BRAQUENIÉ frères, 16, rue Vivienne.

Fabricants de tapis (médaille d'honneur en 1855.)

Tentures, tapis divers.

Côté gauche.

Deux rideaux à fruits, d'après Gabé.

Un tableau ovale, l'Agriculture, d'après M. Caron.

Le Printemps, figure allégorique, d'après Mazerolles.

Côté droit.

Trois tableaux ovales, Arts et Sciences, d'après M. Caron.

Les Saisons, quatre panneaux à figures, d'après Cermak.

Un panneau, sujet de Chasse, d'après Voss.

33 — BRENET (François), menuisier-ébéniste, rue du Faubourg-Montmartre, 72 et 75.

Produits inventés par Brenet :

1° Invention des appliques métalliques mobiles dans les parties sculpturales sur l'ébénisterie et la menuiserie :

2° Invention du bracelet mobile faisant le couronnement des porte-embrasses et anneaux de rideaux.

3° Invention du clou intitulé : tête mobile.

Nota. — Cette invention a pour but de supprimer l'ancien clou à queue soudée, qui a servi jusqu'à présent à la garniture des siéges de salon.

34 — BRIFFARD, sculpteur en bois.

Une cathédrale en bois sculpté.

Deux reliquaires.

Une grande boîte à bijoux doublée en peluche bleue.

Une boîte doublée en satin rouge.

Une grande boîte Alhambra doublée en peluche bleue.

Une boîte à marguerite, doublée en soie rouge.

Une boîte Alhambra doublée en soie verte.

Une caisse à fleurs.

Une caisse à fleurs avec rosaces.

Une petite caisse avec couvercle.

Deux boîtes pareilles.

Une grande caisse couverte avec rosaces.

Deux porte-cigares pareils.

Une petite boîte fermée avec un bouton.

Deux petites boîtes pareilles.

Deux pyramides avec aigle.

Quatorze cadres, dont deux carrés et deux ronds.

35 — BRISSON (Théodore-Alexandre), sculpteur, marché Sainte-Catherine, 4.

Dessins d'orfévrerie et de bronze :

1° Dessins de théière, de pendule et d'orfévrerie.

2° Dessins à la plume des mêmes objets.

36 — BROUILLET-CACHELEUX (Auguste), fabricant de jouets, rue du Cherche-Midi, 79.

Poupée nouvelle en mousseline, articulée, etc., etc.

37 — BURLOT (Joseph-Charles) et VIAU (René), fabricants d'appareils de gymnastique, rue Roussel, 21, et près de la rue de Courcelles.

Gymnase de famille et d'appartement.

CACHELEUX. (Voir *BROUILLET*.)

38 — CAILLOUÉ (Charles-Jean-Baptiste-Eugène), propriétaire, rue du Faubourg-Saint-Honoré, 83.

Fer, calorifère. (Voir *GAUSSERAN et Cᵉ*.)

39 — CALLEBAUT (Charles), fabricant de machines à coudre, 6, rue de Choiseuil.

Machines à coudre.

40 — CAMARET (Joseph-Henri), fabricant de vannerie artistique et métallique, rue de la Villette, 32 (Belleville).

1° Vannerie métallique pour MM. les orfévres, garnitures de flacons et appareils à eau de Seltz en cuivre argenté ou doré.

2° Flacons garnis en ficelle, travail entièrement nouveau; corbeilles, caisses, jardinières en laque française.

41 — Mme CAUZIQUE (MARIE-ANNE-VÉRONIQUE), fabricante de pâtes et de papiers de bois, rue de Dunkerque, 86.

Pâtes et papiers de bois :

1° L'industrie de la papeterie par le papier alréen n'a plus à se préoccuper de l'avenir des chiffons.

2° Il offre une économie sur le papier de chiffons de 4/7e, et une économie sur l'outillage.

3° Le papier de bois convient pour l'impression, le dessin, l'écriture, la lithographie, la cigarette, etc.

4° Par les procédés brevetés, les bois quels qu'ils soient peuvent être blanchis.

5° On blanchit aussi par les mêmes moyens : les plantes marines, les foins, les pailles, le sparte, l'aloès, les joncs, ajoncs, orties, genêts, chardons, tiges de pois, haricots, etc., etc.

42 — CAVORET (JOSEPH), tourneur-ébéniste, meubles de bambou, rue de la Cerisaie, 20.

Meubles de bambou : lit, armoire, buffet, table, bureau, étagère; ameublement complet en bois de bambou.

43 — CHABLIN (NICOLAS-LÉON), peintre et garnisseur breveté sur porcelaines, cristaux et émaux, faubourg du Temple, 27.

Porcelaines, cristaux et émaux garnis en orfèvrerie.

44 — CHAIX (A.), fabricant d'ébénisterie et de meubles d'art, place de la Bastille, 12, cour Damoye.

45 — CHAUMONT (PIERRE-LOUIS), dessinateur-graveur pour l'industrie et les arts, rue du Plâtre-Saint-Jacques, 28.

Exposition de gravures représentant des machines, appareils, etc., publiées dans des ouvrages sur l'industrie.

46 — CHEVALIER (ANTOINE), fabricant de cartonnage, rue des Quatre-Fils, 4.

Cartonnage de fantaisie pour confiseurs.

Nota. — Fabrique brevetée de tous articles cartonnage pour confiseurs, fantaisie, hautes nouveautés et boîtes à baptême, mariage, arbustes, surprise, sculpture de Suisse.

47 — CLAIRIN (FRANÇOIS-NOEL), fabricant de porte-pelles et pincettes mobiles, rue de Richelieu, 35.

Porte-pelles et pincettes mobiles (système breveté).

48 — COLLETTE (ALEXANDRE), dessinateur lithographe, Montmartre, avenue du Théâtre, 10.

Dessins à la plume et au crayon lithographique :

1° Cadres, renfermant des expositions de l'auteur en chromo-lithographie, copies diverses imitant la gravure.

2° Plusieurs albums, renfermant des modèles de grands maîtres et des modèles d'ornementation, constituant l'encyclopédie, l'ornementation de la composition de l'auteur.

3° Grands albums, constituant, etc.

Nota. — Par ces lithographies à la plume, et les chromo-litographies, il est prouvé que l'on peut arriver aussi bien et plus vite que par tous les autres genres de gravures.

49 — COMTE (XAVIER), graveur sur zinc et en relief, par un nouveau procédé, rue de la Grande-Chaumière, 16.

Épreuves de gravure en relief exposées par l'auteur.

Nota. — Ces épreuves d'un nouveau procédé de gravure en relief, sont obtenues par le travail à la pointe sèche sur du zinc préparé, et rendant parfaitement le fac-similé du dessin de l'artiste.

50 — CORBREUN (JEAN-JOSEPH), fabricant d'un nouveau genre de caractères, vignettes à jour et étiquettes, rue Neuve-des-Capucines, 9.

1° Nouveau genre d'alphabets, chiffres et vignettes à jour remplaçant avantageusement ceux de cuivre et de zinc employés jusqu'à ce jour.

2° Spécialité d'étiquettes et tableaux pour l'étalage.

3° Découpage de plaques à jour pour affiches peintes et pour placards.

51 — CORPLET, peintre-émailleur, rue du Temple, 147.

Peinture sur émail, décorations de poterie.

52 — COSOT, ébéniste, rue de Rivoli, 4.

53 — DARDIER (JEAN-PIERRE-NUMA), fabricant de gants rue Mauconseil, 14 *bis*.

Gants coupés et cousus.

54 — DARLOT (ÉTIENNE-AMAND), photographe, rue d'Angoulême-du-Temple, 47.

Photographie : reproductions artistiques et industrielles.

Treize passe-partout contenant :

1° Reproduction de gravure et portrait en pied de M. Lacroix, artiste du théâtre de la Gaîté, dans *les Trente-deux duels de Jean Gigon.*

2° Candélabres, potiches et bronzes, appartenant à la maison Barbedienne.

3° Soldat spartiate de Cortot, appartenant à la maison Barbedienne.

4° Le Printemps et l'Automne, buste de Clesinger, appartenant à la maison Barbedienne.

5° Le Penseur de Michel-Ange, appartenant à la maison Barbedienne.

6° Le Char de l'Aurore de Carpezat, appartenant à la maison Graux-Marly.

7° Deux Amours de Poitevin, appartenant à la maison Desorcy.

8° Vue du théâtre de la Gaîté.

9° Porte de M. Marchand, fabricant de bronze, sculptée par Piat.

10° Un passe-partout contenant des reproductions sur bois, sur terre cuite, sur plâtre, sur bronze, cristaux et orfévreries des maisons Wirth, Barbedienne, Rollond, Cristallerie Saint-Louis, Gourd et Denise.

55 — DECK (Théodore), céramiste, boulevard Saint-Jacques, 46.

Faïences d'art.

1° Un vase, décors bleus sur fond turquoise de 0,90 de hauteur sur 0,60 de largeur.

2° Un vase, décors sur fond vert céladon de 0,90 de hauteur sur 0,60 de largeur.

3° Un vase, décors sur fond blanc de 0,68 de hauteur sur 0,57 de largeur.

4° Un vase oriental à décors en relief sur fond bleu et turquoise de 0,22 de hauteur sur 0,46 de largeur : dessin communiqué par M. Adalbert de Beaumont.

5° Une bouteille persane, décors blancs sur fond vert : dessin communiqué par M. Adalbert de Beaumont.

6° Vases, jardinières, bouteilles, pots de différentes grandeurs et de décoration variées.

7° Un plat en incrustation genre faïence Henri II, d'après un dessin de M. E. Dock.

8° Une aiguière avec son plateau en incrustation, genre faïence Henri II, d'après un modèle de M. Villeminot.

9° Plats et panneaux de différentes grandeurs, peints par M. E. Dock, Bracquemond, Hamon, Ranvier, Harpignies, Me Escalier et Th. Deck.

10° Carreaux de revêtement.

11° Décorations architecturales pour intérieurs et extérieurs.

56 — DELAPIERRE et Ce, sculpteurs et décorateurs en carton-pierre, rue Chabrol, 17.

Meuble artistique et cadre de glace pour la Russie.

57 — DESACHY (Alexandre), sculpteur et mouleur de l'Ecole impériale des Beaux-Arts, de l'Institut de France, du ministère d'Etat, etc., rue de Seine, 17.

Nouveau procédé breveté en France et à l'étranger pour le moulage en plâtre, application aux objets destinés aux musées, à l'étude des beaux-arts et à la décoration architecturale.

1° à 19° Frise de la face occidentale du temple de Minerve dit le Parthénon, à Athènes — œuvre de Phidias, — pesant ensemble environ 170 kilog. au lieu d'environ 2,000 kilog. poids des épreuves produites par le procédé ordinaire de moulage en plâtre.

20° Vénus, dite de Milo, statue antique d'après le marbre

du Musée impérial du Louvre, pesant 23 kilog. au ieu de 160 kilog.

21° Cérès et Proserpine donnant à Triptolème le sceptre d'Éleusis, bas-relief conservé à Éleusis, rapporté par M. Lenormand, pesant 31 kilog. au lieu de 235 kilog.

22° Aruspice, dit l'Orateur étrusque, d'après le bronze de la galerie de Florence, pesant 30 kilog. au lieu de 135 k.

23° Sophocle, statue antique, d'après le marbre du palais Saint-Jean de Latran, à Rome, pesant 31 kilog. au lieu de 210 kilog.

24° Partie d'un chapiteau d'Ante, du temple de Minerve Poliade, à Athènes.

25° et 26° Canéphores, statues antiques, d'après les marbres de la villa Albani, à Rome ; l'une pesant 34 kilog. au lieu de 270 kilog.

27° et 28° Ariadne, dite du Capitole, buste antique, d'après le marbre du musée du Capitole ; l'un pesant avec la colonne 15 kilog.; l'autre, procédé ordinaire, 57 kilog.

29° Vase antique, dit Bacchanale, d'après le marbre du musée Britannique, à Londres.

30° Vase antique, Ménades, d'après le marbre du musée de la villa Albani, à Rome.

31° Vase antique, prêtres de Bacchus, d'après le marbre du musée Borbonico, à Naples.

32° Minerve, statue antique, d'après le bronze du musée de Turin.

33° Partie de l'entablement du temple de Jupiter-Tonnant, à Rome, pesant 46 kilog. au lieu d'environ 700 kilog.

34° Chapiteau de la chapelle de Charlemagne à Aix-la-Chapelle, style du douzième siècle.

35° Partie d'une grille, style du treizième siècle.

36° Fragment provenant de l'hôtel de la Trémouille, style du quinzième siècle.

37° Sainte famille, bas-relief de Michel-Ange, d'après le marbre de l'Académie de Londres.

38° Vase orné, par Benvenuto Cellini, d'après le bronze du musée impérial du Louvre.

39°, 40° et 41° Trois panneaux Renaissance, provenant d'un tombeau, par Sansovino, à l'église de Sainte-Marie-du-Peuple, à Rome.

42° Bouclier d'Achille, d'après Flaxmann.

43° Vase, d'après le bronze du parc de Versailles, époque Louis XIV.

44° Panneaux, époque Louis XVI.

45° et 46° Deux rosaces de plafond pour la décoration.

47°, 48° et 49°. Trois spécimens de l'application du procédé à la publicité en Angleterre.

50° Fragment de l'une des parties du premier balcon (lesdites ayant 3 m. 70 c. de long et pesant chacune 33 kil.) du Royal Italian Opera, théâtre de Covent-Garden, à Londres.

51°, 52° et 53° Trois calices, dont deux du quatorzième siècle, de la collectiou Pugin, et l'autre dit par Benvenuto Cellini, du musée Britannique à Londres.

54° Burette du quinzième siècle, d'une collection particulière.

55° Pied de croix, quinzième siècle.

56°, 57°, 58°, 59°, 60°, 61° et 62°. Sept encensoirs, dont quatre du douzième siècle (un du musée de Cluny, deux de la collection Pugin et un du musée Britannique), un du quatorzième siècle, du musée Britannique, et deux du quinzième siècle, de la collection Pugin.

58 — DESFORGES, BROCHON et FESTUGIÈRE frères, maîtres de forges, rue du Grand Saint-Michel, 4, à Paris.

Usines à Brousseval (Haute-Marne).

Fontes moulées.

Médaille 2e classe, exposition universelle de 1855. — Médaille 2e classe, exposition régionale, Troyes, 1860.

Fontes moulées en 1re et 2e fusion. — Statues religieuses, croix, christ, chemins de la croix. — Candélabres, balcons, balustrades, panneaux, girandoles, bancs de jardins.

Hauts fourneaux et fonderies à Brousseval (Haute-Marne).

59 — DESSAIGNE (Auguste), éditeur et imprimeur de matériaux, mise en carte, rue de Cléry, 19.

Dessins industriels, papiers, mise en carte et couleurs.

Echantillons :

1° Echantillons des papiers Jacquard, servant à la mise en cartes de tous dessins pour étoffes brodées, châles, soieries, robes, gilets, tapis, meubles, rubans, tulles, crêpes, dentelles, etc.

2° Echantillons de dessins, ornements fleuris et fantaisies comme spécimen des éditions de la maison, servant de matériaux de dessins pour MM. les manufacturiers et dessinateurs industriels.

3° Echantillons des papiers fonds Gounchet, pour esquisses peintes et tableaux.

4° Echantillons de papiers métriques roses, bleus, toutes couleurs pour plans et machines, à l'usage de **MM.** les ingénieurs et architectes.

5° Echantillons de papiers transparents, servant aux papiers industriels, vrai végétal, dioptique, ivoire, vernis, vernis anglais, gélatine pour gravures.

6° Echantillons de papiers à dessins de toutes nuances, à grains et sans grains.

7° Echantillons de papiers blancs en rouleaux de toutes dimensions.

8° Echantillons de couleurs fines en natures et broyées pour gouache et industriels, en tablettes et pastilles pour aquarelle, en tubes-vessies pour l'huile.

Imprimerie lithographique sur taille-douce et encadrement. Papeterie de fantaisie.

60 — DETOUCHE (CONSTANTIN-LOUIS), ✻ horloger, rue Saint-Martin, 230.

1° Un grand régulateur.

2° Pièces d'horlogerie et d'orfévrerie.

61 — DIDRON, éditeur de gravures, rue Saint-Dominique, 23.

1° Quatre cadres de gravures dont deux représentant des modèles *d'anciennes tapisseries historiées* (tapisseries du Louvre et de Dijon).

2° Deux cadres représentant des modèles d'armes d'après la galerie royale de Madrid.

Ces gravures sont tirées de deux grands ouvrages archéologiques publiés par M. Achille Jubinal.

62 — DIEHL, ébéniste, fabricant de nécessaires et de petits meubles, rue Michel-le-Comte, 19.

1° Une table de salon Louis XIII marquetée, tout bois naturel.

2° Une console bois noir et bronze uni avec sa glace biseautée.

3° Une jardinière, trois colonnes porcelaines, dessus trois chiens et oiseaux bronze.

4° Une jardinière thuya, trois pieds de biche.

5° Un guéridon à deux colonnes et plat porcelaine.

6° Une papeterie thuya et bronze.

7° Une cave à liqueur marquetée genre chinois avec la garniture en cristaux.

8° Un buffet bois de rose et porcelaine.

9° Un buffet bois noir avec panneaux mosaïque marbre.

10° Une table bois noir marquetée nacre et cuivre de couleur.

11° Une papeterie thuya, attache, aire à développement.

63 — DOPTER (ALFRED-JEAN-VINCENT), éditeur-imprimeur, rue de Madame, 29.

Fac-simile de dessins et de pastels.

64 — DUBREUIL jeune, et GUÉZÉNEC, fabrique d'ornementations pour ébénisterie, rue de la Fontaine, 19, Auteuil-Paris.

Baguettes et colonnes torses à la mécanique brevetée.

65 — DUPONCHEL et GOSSE fils, fabricant de verreries, rue Paradis-Poissonnière, 32.

Verreries et cristaux décorés et gravés, genre bohême.

DUFONG. (Voir *EMERY*.)

66 — DUPONT (Eugène) et MERCADIER (Achille), instruments de musique militaire en cuivre, passage de l'Entrepôt, 3, Paris.

1° Divers instruments de musique en cuivre avec nouveaux systèmes de pistons à perce pleine et sans angle, applicables à tous les instruments.

2° Instruments à pavillons mobiles et de forme nouvelle.

Nota. — Ces systèmes ont l'avantage de laisser à l'instrument l'égalité et la plénitude des sons dans toute leur étendue, c'est-à-dire qu'il n'existe aucune différence de sonorité entre les notes produites avec les pistons et celles produites sans leur secours.

67 — DUTERTRE (Jean-Marie), fabricant de contrôles, rue Sedaine, 48.

Un contrôle, — casier à l'usage du commerce.

68 — DUVILLERS (François-Joseph), architecte, ingénieur, paysagiste, dessinateur et ordonnateur de parcs et jardins, avenue de Saxe, 15, Paris.

Dix-sept médailles, la seule obtenue à l'exposition universelle de 1855.

Plans de parcs et jardins, et construction y ayant rapport.t

Plans manuscrits, parcs à Ville-d'Avray de M. A. éta primitif.

Idem, à Creil état primitif et actuel M. P.

Idem, à Castres (Tarn), de M. F. de Garenne sur la terre de Roquetoire (Pas-de-Calais), appartenant à M. le marquis de R. de B.

Idem de jardin à Antony propriété de M. P.

Plan d'un kiosque de **M.** le marquis de R. de B., exécuté dans le parc du château de Roquetoire (Pas-de-Calais).

Idem, jardin à Maison (Seine-et-Oise) appartenant à M. S.

Idem, d'irrigation naturelle avec les eaux de la Durance.

Plans gravés du parc du château de Roquetoire appartenant à M. le marquis de R. de B. (Pas-de-Calais).

Idem, des jardins publics de la ville de Montélimar (Drôme), avec système d'irrigation.

Plans photographiés; parcs de M. J. situé à Sainte-Marguerite (Bouches-de-Rhône).

Plans du parc de M. de C... à Sainte-Marguerite (Bouches-du-Rhône).

Parc du château de Maison et ses dépendances, (Seine-et-Oise).

Parc de M. Ar, situé à Ville-d'Avray.

Parc de M. C. à Limeil (Seine-et-Oise).

Parc de M. C. à Montigny (Seine-et-Oise).

Parc de M. A. à Maison (Seine-et-Oise).

Jardin de M. A. boulevard Mont-Parnasse, à Paris.

M. Duvillers est le premier qui ait régénéré le système du célèbre Lenôtre et qui ait su faire un heureux assemblage d'harmonie avec celui de Kant, à qui on attribue la première inspiration des jardins paysagistes, qu'il créa en Angleterre. L'auteur a aussi fait diverses publications intéressantes sur l'Algérie.

Plan de Paris et des jardins, avec système d'irrigation.

1° Plan du château de Maisons, dessiné et créé par l'auteur.

2° Les Jardins peints par eux-mêmes, texte et gravure sur acier, ouvrages exposés par M. Duvillers.

69 — ÉMERY-DUFONG (Claude-Alfred), joaillier, rue Basse, 39, Passy.

Dessins de joaillerie et bijouterie.

70 — Mme ESCALLIER (Éléonore), artiste peintre, boulevard Mont-Parnasse, 25.

1° Deux panneaux décoratifs.

2° Éventails, peinture.

71 — EVRARD (Victor), et BERTIN (Jules), fabricants de bronzes d'art et d'ameublement, rue Saint-Louis, au Marais, 86.

Bronzes d'art et d'ameublement.

72 — FAUQUE (Victor), artiste peintre, rue Saint-Ferdinand des Ternes, 22.

Décoration artistique d'un hôtel; esquisses en quatre parties dans le même cadre.

1° Plafond d'un salon circulaire, accompagné des dessus de porte et de fenêtre. Tenture cramoisie et veloutée, et corniche dorée formant le cadre du plafond. Sujet : la Folie, escortée des Plaisirs, des Grâces, des Amours et de la Poésie, invite les humains à la suivre en préférant la Sincérité à l'Hypocrisie et aux passions haineuses.

2° Chambre a coucher à tenture jaune et boiseries de palissandre. Plafond : *la Nuit*, Morphée, roi des songes, surveille le sommeil de la Beauté.

3° Boudoir, tendu de soie bleue à baguettes d'or. Plafond : les Amours portent en triomphe la Discrétion, sous la figure de Muta, déesse du Silence.

4° SALLE A MANGER. Quatre panneaux encadrés de boiseries de chêne sur tenture gros vert ; chasse antique à l'arc et l'épieu, chasse au vol moyen âge, pêche aux flambeaux sur un lac d'Écosse, chasse impériale.

73 — FAYET (D.-J.) et Ce, fabricants d'éventails, rue du Grand-Chantier, 4.

Éventails en tous genres.

74 — FELON (JOSEPH), statuaire, peintre et dessinateur, rue d'Assas, 7.

1° Projet de fontaine monumentale, la Navigation ; elle apporte à toutes les parties du monde les lumières et les produits de la civilisation (esquisse en plâtre).

2° La Vanité, statuette (modèle en plâtre).

3° Un cadre de six cartons reproduits en verrières à l'église Sainte-Perpétue, à Nîmes (dessins, gouache).

4° Un cadre dessins et lithographies.

5° L'Industrie et l'Agriculture, cariatides encadrant l'horloge de l'hôtel de Préfecture, à Nîmes (dessins d'après les sculptures de l'auteur).

6° La Vérité, un des tympans sculptés par l'auteur, au Louvre, arcade du premier étage pavillon Richelieu (autographie).

7° Album de lithographies, par l'auteur, d'après ses œuvres peintes.

75 — FEUCHÈRE (JEAN), ✲, décédé, trophée.

Trois dessins de boucliers.

Appartenant à M. E. Vattier, peintre.

Un dessin de bouclier, Amazones.

Un dessin, sujet : Tentation de saint Antoine.

Appartenant à M. Loiseau, sculpteur.

Cinq gravures à l'eau-forte :

1° Adresse d'Hippolyte Moulan.

2° Adresse à M. Vittoz.

3° Une Madone.

4° Une sainte Famille, faussement attribuée à Carrache.

5° Jeanne d'Arc, très-rare.

Appartenant à Mme Ve Feuchère.

Un verre contenant des croquis divers.

Six gravures à l'eau-forte, faisant suite à un album d'ornements.

Une eau-forte, Amazone.

Une eau-forte, Fontaine Cuvier.

Une terre cuite, Rivière.

Appartenant à M. Riester, dessinateur graveur.

Deux dessins très-grands, d'une même coupe, bien faits.

Deux dessins esquisses de candélabres.

Une grande exquisse d'un surtout exécuté en argent repoussé.

Appartenant à M. Froment-Meurice.

Un vase, dessin encadré.

Une esquisse de bouclier.

Neuf esquisses diverses.

Appartenant à M. Victor Paillard.

Groupe en terre cuite, représentant un projet d'un tombeau d'une mère et de ses deux enfants. (Terre cuite sans fracture.)

Un dessin encadré, portrait de Bossuet.

Un dessin encadré, pose de Bossuet de la fontaine Saint-Sulpice.

Appartenant à M. Bonvalet.

76 — FRANÇOIS (CHARLES-ÉMILE), peintre, 24, chaussée Ménilmontant (Belleville).

Fruits, panneau de salle à manger.

77 — FRÉDÉRICK (JUNCKER), dessinateur en broderies, rue de la Victoire, 34.

Deux dessins de broderie pour châle.

78 — GAUSSERAN et Ce, fabricants, nouveau système de fer à repasser dit FER JANUS, faubourg Poissonnière, 112.

79 — GERSON ET WEBER, ébénistes de luxe et fantaisie, rue du Temple, 140.

Objets d'art et de fantaisie en petite ébénisterie et sculpture sur bois. Genres artistiques et nouveaux.

1° Caves à liqueurs.

2° Pendules.

3° Jardinières.

4° Boîtes à cigares avec applique en fer, émail doré et sculpté.

Genres antiques et nouveaux.

80 — GERVAIS ET Cie, sculpteurs-ornamentistes, rue Charlot, 31.

Sculptures; pendules de cabinets et boudoirs.

Luminaires et articles de bureau :

1° Vases, coupes.

2° Candélabres, flambeaux.

3° Bouts-de-table, bougeoirs.

4° Encriers, cachets.

5° Presse-papiers, presse-notes.

6° Couteaux à papier, sonnettes.

Spécialité de porte-fleurs, bouillotte à abat-jour, porte-cigare.

81 — GEX (JOSEPH-ALEXIS), encadreur, rue Bertin-Poirée, 5.

Passe-partout artistique et encadrements en tous genres.

82 — GILLE jeune, fabricant de porcelaines, rue Paradis-Poissonnière, 28.

Porcelaines en tous genres.

Spécialité d'objets d'art et de fantaisie.

Un buste Napoléon III, biscuit blanc, 225 fr.

Une statue de jardin, la Folie, biscuit blanc, 250 fr.

Id. la Pudeur, biscuit blanc, 250 fr.

Un groupe, renard à la poule, biscuit blanc, 225 fr.

Une paire grands vases unis, décor mauresque, vieil argent, 1250 fr.

Un groupe, l'Amour l'encourage, décor riche, 94 fr.

Un groupe, l'Amour la distrait, décor riche, 103 fr.

Une paire vases aiguières, fond bleu mat, 88 fr.

83 — GIRAUDON (SYLLA-AUGUSTE), gaînier, rue des Gravillers, 42. Honoré d'une médaille d'or.

1° Album tout soie pour photographie, appelé à rester en souvenir de famille.

2° Encadrements de tous genres pour la photographie, miniature, peinture, objets artistiques et de fantaisie.

3° Écrins pour bijouterie.

Nota. — Albums de luxe brevetés.

84 — GIROT frères, quincailliers, quai de la Mégisserie, 78 et 80.

Ameublements de jardin de toute espèce :

1° Bancs.

2° Chaises.

3° Fauteuils.

4° Boules panoramas.

5° Porte-parapluie.

6° Caisses arboriflores.

7° Banc à bascule, breveté.

85 — GONELLE frères (JOSEPH et FRANÇOIS), dessinateurs, rue du Mail, 6.

Médaille de 2e classe 1855.

Divers dessins pour châles, cachemires.

86 — GOODWIN, maison américaine, 6, Faubourg-Montmartre.

1° Une machine de luxe argentée, incrustations de nacre, aux armes impériales, dans un beau cabinet en ébène incrusté, garni de bronze doré, avec jardinière.

2° Une machine de luxe argentée et perlée dans un beau cabinet de chêne sculpté avec couvercle, — volant sculpté, pédale à supports dorés.

3° Une machine de luxe argentée et perlée, aux armes impériales, cabinet en marqueterie, avec jardinière, pieds et volants dorés.

4° Une machine de luxe argentée et incrustations de nacre, volant argenté, pédale et supports dorés. Cabinet d'ébène garni de dorures avec jardinière,

5° Une machine de luxe argentée aux armes impériales. Tablette en velours rouge sur pieds et volants dorés.

Machines de famille et d'atelier.

1° Une machine à navette n° 23, pour famille et atelier de lingerie.

2° Une machine à navette dite impériale.

Cette machine est le dernier et meilleur perfectionnement des machines à navette et réunit toutes les nouvelles inventions des États-Unis.

3° Machine à navette dite n° 7. Machine d'atelier.

4° Machine à point noué de famille et d'atelier n° 23,

5° Une machine à point noué argentée de famille et atelier.

6° Une machine à point noué dite impériale, machine d'atelier.

7° Une machine à un fil extra vitesse.

Toutes nos machines fonctionnent sans bruit.

8° Guides à ourlet dessus et dessous.

9° Guides à plisser.

10° Guides pour la confection.

11° Guides à border.

12° Guides à ganser.

13° Guides à ourlet sans tracer les carreaux.

14° Guides à broder.

15° Guides à soutacher dessus et dessous.

16° Guides pour la bonneterie.

17° Machine à coudre les semelles de la chaussure

d'hommes et de femmes et de l'armée, à raison de deux cents paires par jour, — la grosse sellerie et les équipements militaires. Échantillons des travaux que peuvent faire ces machines exécutés dans plusieurs maisons.

87 — GRANGER (Alexis), rue Beaubourg, n° 42. Fabricant d'acier poli et d'outils pour les ouvrages des dames, tels que crochets, navettes, etc.

88 — GUIBERT (Gustave), de la maison Jouby et Guibert, ébénistes en nécessaires et fantaisie, rue Chapon, 18.

Ébénisteries de fantaisie :

1° Paniers et corbeilles à ouvrage.

2° Jardinière.

3° Boîtes en tous genres.

4° Marqueterie moderne et genre boule, fantaisie pour confiseurs.

5° Articles de religion, etc.

89 — GUIBERT aîné et Ce, tabletiers artistiques, rue des Gravilliers, 5.

1° Albums de photographie avec couvertures en écaille.

2° Livres de messe avec couvertures en écaille.

3° Porte-cartes de visite de photographie en écaille.

4° Souvenirs et carnets anglais en écaille.

5° Porte-cigare de tous genres en écaille.

6° Tabatières de toutes formes en écaille.

7° Porte-monnaies en écaille, etc.

90 — GUICHARD (Édouard), peintre dessinateur, rue du Sentier, 8.

Projet de cheminée pour un établissement hippique.

Esquisse en plâtre exécutée par M. Révillon, d'après les plans, dessins et compositions de E. Guichard.

91 — HARLEUX (Jean), orfévre, rue Pastourel, 22.

Orfévrerie :

Deux des quatre statues en argent exécutées en repoussé, pour un meuble du seizième siècle, appartenant à M. le baron James de Rothschild.

Partie d'un service genre, Louis XVI, appartenant à M*** composé des pièces ci-après :

Une corbeille de milieu ovale.

Deux corbeilles rondes.

Deux candélabres.

Deux bouts de tables-étagères.

Deux réchauds ovales.

Deux réchauds ronds.

Quatre compotiers.

Deux sucriers.

Un seau à rafraîchir.

Une corbeille à pain.

Quatre bouts tables-soliers et autres pièces.

92 — HERMANN (G.) ✱, coupes, colonnes et vases en granit et porphyre, exécutés par procédés mécaniques, rue de Charenton, 92.

Médailles d'argent aux expositions de 1834-39-49, à la Société d'Encouragement, en 1839-41 ; médaille de platine en 1850; grande médaille à l'Exposition universelle de Londres, 1851 ; deux médailles de première classe à l'Exposition universelle de Paris, 1855; diplôme d'honneur à l'Exposition de Bordeaux, 1859.

Urne funéraire en porphyre de Finlande du tombeau de l'Empereur, des Invalides.

Une colonne surmontée d'une coupe de granit orbiculaire de Corse.

93 — HUBEL (Henry-Ernest), ébéniste, rue du Faubourg Saint-Antoine, 64.

1° Un buffet-dressoir en chêne clair avec des moulures en palissandre et sculptures riches.

2° Un bureau de dames en bois noir avec étagère, glace et sculptures, orné de pierres fines naturelles.

94 — HUDEL, peintre sur porcelaine, rue de Paris, 45, à Belleville.

Genre Herculanum et Pompei :

1° Trois paires de cache-pots, bacchanales.

2° Quatre paires de vases, saisons et autres.

3° Quatre paires de bonbonnières, camées.

4° Deux paires de vases égyptiens.

5° Une paire de boîtes.

6° Un grand camée monumental.

95 — HUMBERT (Eugène), peintre, rue Laffitte, 49, et à la manufacture impériale de Sèvres.

Médaille de deuxième classe à l'Exposition universelle de 1855.

1° Il ne faut pas jouer avec le feu, peinture décorative.

2° Le Printemps, peinture décorative.

3° Bouderie et Réconciliation.

Compositions exécutées à la manufacture impériale de Sèvres, appartenant à M. Rousseau.

4° Armide, faïence, appartenant à M. Gérôme.

5° Tête renaissance, appartenant à M. Peyre.

96 — JARDIN-BLANCOUD (JOSEPH-LÉON-LOUIS), graveur, rue Dauphine, 17.

1° Gravures sur pierres dures.

2° Gravures sur métaux.

Médaille de deuxième classe, Exposition universelle 1855. Inventeur breveté pour les gravures soit en creux, soit en relief et incrustations métalliques sur pierres dures, porcelaine, etc., procédés dans lesquels interviennent la dorure, la niellure, l'émaillage, la damasquinure, etc., produits artistiques et industriels applicables à la joaillerie, la bijouterie, l'horlogerie, orfévrerie et bronze, pour la décoration de la porcelaine et la gravure des chiffres et armoiries.

97 — JEAN (AUGUSTE), peintre céramique, rue de Sèvres, 11.

Décoration céramique :

1° Vases d'ameublement.

2° Cheminée.

3° Inscrustation.

4° Panneaux de revêtement pour salles de bains.

5° Frises.

Ornementation de serres et jardins :

6° Vasques.

7° Vases pour pilastres ou balustrades.

8° Siéges de jardins, etc., etc.

98 — JUBINAL (ACHILLE) ☀, député des Hautes-Pyrénées, rue Boudreau 6 (Paris). (Voir *DIDRON*.)

99 — JUVENOIS (ALPHONSE), facteur de pianos, rue Saint-Maur, 166.

Pianos :

1° Un piano en noyer sculpté, nouveau système de table d'harmonie.

2° Sculpture exécutée par Juvenois fils.

100 — LA BLANCHÈRE (HENRI DE), photographe, boulevard des Capucines, 39.

Reproductions d'œuvres d'art industriel; stéréoscopes; paysages, cartes et portraits.

1° Porte du manoir de Tiffauges, Bretagne (papier ciré, rapide, méthode de l'auteur).

2° Porte du château de Clisson.

3° Stéréoscopes, études et vues diverses (Collodion).

4° Id. Id. Id.

5° Cartes de visite (Collodion).

6° Portrait de M. Mirault, ☀ président d'honneur de la société du Progrès de l'art industriel.

7° Portrait de M. Labourieu, secrétaire général perpétuel.

8° Reproduction industrielle de bois sculptés de la maison Deguil et Ce, rue des Capucines (Collodion).

9° Études de paysages.

10° Id.

101 Mlle LALOUETTE (URANIE), directrice d'asile, à Francheval (canton sud de Sedan, Ardennes).

Fleurs en perles.

102 — LARUE (JEAN-DENIS), sculpteur-statuaire, rue de Vaugirard, 19, à Sèvres.

Terres cuites, plâtres et bronzes :

1° Projet de cheminée pour la faïence et le bronze, maquette en plâtre.

2° Socle de pendule, esquisse en terre-cuite.

3° Projet de vase commémoratif en plâtre.

4° Projet de support pour corbeille, esquisse terre cuite.

5° Vase exécuté en argent par M. Bussy, épreuve en plâtre.

6° Bénitier (assomption de la Vierge), esquisse en plâtre.

7° Esquisse de canette ; le modèle vendu à M. Gueyton.

8° Groupe, sirène et enfant, terre cuite.

9° Enfant tenant une coquille, terre cuite.

10° Projet de sucrier, maquette en plâtre.

11° Enfant tenant un cornet, terre cuite.

12° Enfant en plâtre.

13° Projet de verre à boire, maquette en cire.

14° Salière double, bout de table, esquisse en cire.

15° — — esquisse en plâtre.

16° Groupe d'enfants jouant, terre cuite.

17° Mouchettes, esquisse en plâtre.

18° Médaille commémorative de l'exposition de 1855, épreuve en cuivre.

19° Merceda et Fernand, groupe en plâtre.

20° Support de copie, femme et enfant, plâtre.

21° Enfant sur un dauphin, terre cuite.

22° Consoles mauresques, deux épreuves en plâtre.

103 — LATRY (A.) ET LA COMPAGNIE DU BOIS DURCI, rue du Grand-Chantier, 7.

1° Une boîte à gants, n° 2.
2° Une boîte à bijoux, n° 6.
3° Une boîte à mouchoirs, n° 3.
4° Une cave à liqueurs, n° 6.
5° Une papeterie, n° 3.
6° Un séchoir, n° 2.
7° Une boîte à thés, n° 1.
8° Une jardinière, n° 1.
9° Une pendule.
10° N° 3436, un encrier, n° 22.
11° N° 4705, un encrier, n° 7.
12° N° 5120, un encrier, n° 11.
13° N° 4563, un encrier, n° 601.
14° N° 5125, un encrier, n° 11.
15° N° 3337, un encrier, n° 7.
16° N° 6335, un plumier.
17° Un presse-papier.
18° Un cachet, monture argent ciselé.
19° Vingt-trois médaillons assortis.

104 — LAURIN, fabricant de porcelaine, à Bourg-la-Reine, représenté à Paris par Mme Rousseau, rue Coquillière, 41.

105 — LEBOURG (Pierre-Alphonse), fabricant et décorateur de porcelaines, imitation Chine, à Maisons-Alfort.

Porcelaines décorées :
1° Grandes potiches, cornets.
2° Vases, glacières, encriers, etc.
3° Imitation exacte Chine et Japon.

106 — LEDOUX (Marie-Gabriel), tourneur en cuivre et fabricant de cuivrerie et bois moulés, rue Traversière-Saint-Antoine, 35.

Cuivrerie artistique et bois moulés.

107 — LEFÉBURE (Auguste) ✻ et Fils, manufacturiers en dentelles, rue de Cléry, 42.

Dentelles et blondes, à Bayeux (Calvados).

1° Une robe, dentelle noire extra-fine de Bayeux.

2° Volants, pointes et voilettes de Bayeux.

3° Volants, barbes, mouchoirs et cols en points d'Alençon et de Bruxelles.

4° Une feuille d'éventail en dentelle blanche et noire.

10 — LÉGER (Joseph-Louis), dessinateur d'ornements d'église, rue Grenelle Saint-Germain, 59.

Dessins d'ornements :

1° Chasuble.

2° Étole.

3° Dais.

LEMONNIER. (voir *BEAUFOUR*.)

LEPELLETIER. (voir *SAULNIER*).

109 — LEROLLE (Louis), fabricant de bronzes, chaussée des Minimes, 3.

1° Groupe, les Arts, par Fraikin, n° 1.

2° Statue équestre, Louis XIV, par Girardon.

3° Groupe enfant jouant avec un chien, par Arnaud, n° 1.

4° Figure assise, Pandore, par Jacquet.

5° Figure assise, Bohémienne, par Jacquet.

6° Milon de Crotone, par Falconnet (pièce de réception à l'Académie).

7° Voltaire, par Houdon, réduction de la statue du Théâtre-Français.

8° Benvenuto Cellini.

9° Bernard Palissy.

10° Quatre figures couchées, par Michel-Ange (tombeaux des Médicis).

11° Pendule Louis XIV, Racine et La Fontaine.

12° Pendule Louis XV, la marguerite, dorée.

13° Paire candélabres d'accompagnement.

14° Pendule Louis XVI, retour de la chasse, dorée.

15° Paire candélabres à colombes d'accompagnement.

16° Pendule grecque Cérès, or et argent.

17° Paire candélabres d'accompagnement.

18° Pendule Vénus Génitrix.

19° Pendule Bacchante de Clodion.

20° Pendule Trois Grâces émaillée.

21° Paire candélabres d'accompagnement.

22° Pendule Minerve onyx.

23° Pendule égyptienne à buste.

24° Pendule égyptienne à glaces.

25° Pendule Germain Pilon, buste.

26° Porte-allumettes chinois au bronze.

27° Groupe enfant au chien n° 3, par Arnaud.

28° Porte-allumettes grec.

29° Pendule Hercule (figure antique).

30° Pendule à ceintre (petit Bacchus antique).

31° Pendule tireur d'épines (figure antique).

32° Pendule chinoise, la conversation.

33° Pendule chinoise à ivoires.

34° Pendule Louis XIII, à dôme, platinée.

35° Groupe les Lutteurs (antique).

36° Groupe Samson (antique).

37° Joueur de bâtons, n° 3, par Alphonse Lerolle.

38° Groupe, les Arts, par Fraikin, argenté, n° 2.

39° Un buste Racine avec socle de pendule noir.

40° Un buste La Fontaine.

41° Un buste Voltaire.

42° Un buste Montesquieu.

43° Un buste de Sapho sur petit socle onyx.

44° Un buste d'Apollon sur petit socle onyx.

45° Une statuette Apollon cytharède antique.

46° Diane à la biche antique.

47° Paire bustes Germain Pilon sur colonne.

48° Paire flambeaux émaillés à médaillons.

49° Paire flambeaux émaillés bronze et argentés.

50° Paire flambeaux émaillés étrusques argentés.

51° Paire flambeaux Louis XVI, têtes de lion doré.

52° Paire flambeaux buste Minerve or et argenté.

53° Paire flambeaux émaillés à pierreries, dorés.

54° Guéridons chinois.

55° Paire candélabres égyptiens, 3 l., bronze.

56° Pendule Vénus, socle blanc gravé.

57° Paire candélabres d'accompagnement.

58° Paires coupes onyx Minerve.

59° Encrier égyptien, oiseau.

60° Paire porte-fleurs Minerve or et argentés.

61° Un porte-fleurs tête égyptienne.

62° Paire flambleaux chinois bronze.

63° Paire flambeaux mauresques or et argentés.

64° Paire flambeaux Louis XIII platiné.

65° Statuette petit Bacchus antique.

66° Flambeau chimère abat-jour.

67° Flambeau buste Germain Pilon abat-jour.

68° Flambeau renaissance abat-jour.

69° Flambeau buste Louis XVI doré abat-jour.

70° Coupe marbre noir.

71° Paire coupes petites chimères.

72° Paire coupes noires et rouges.

73° Coupe groupe 3 figures Fraikin, or et argentée.

74° Coupe enfant danseur.

75° Paire vases cigogne.

76° Paire vases têtes de vieillards.

77° Porte-bouquet 3 cigognes.

78° Porte-bouquet 3 figures.

79° Paire porte-bouquet petites chimères.

80° Miroir égyptien.

81° Lampe vase bacchante.

82° Lampe porcelaine platinée, forme œuf, rouge.

83° Lampe porcelaine rouge, médaillon doré.

84° Lampe chinoise bleue dorée.

85° Lampe à gaîne, un bronze d'après Delafosse.

86° Lampe bas-reliefs, Muses bronze.

87° Lampe vase Louis XVI, Duplessis, dorée.

88° Lampe vase jeux d'enfants, bronze.

89° Lampe mauresque porcelaine, dorée.

90° Paire guerriers, Croisé et Sarrasin, par Alphonse Lerolle.

91° Paire vases porcelaine, 8 lum., lauriers et tulipes.

92° Lustre chinois au bronze, 24 l.

93° Lustre 6 carcels, poli.

94° Lustre à 3 génies au bronze, 33 l.

95° Lustre Louis XVI à cristaux, verni, 33 l.

96° Lustre vignes, doré, 48 l.

97° Statuette l'Ivresse par E. Carlier.

98° Statue la Tempérance par E. Carlier.

99° Paire candélabres nubiens or et bronze.

100° Sonnette tête égyptienne au bronze.

101° Sonnette buste de Minerve au bronze.

110 — LEROUX (CHARLES-HENRI-FERDINAND), tapissier, rue Montmartre, 80.

Ameublement : un canapé-lit.

Nota. — Le canapé-lit d'un nouveau système, dont l'utilité se joint à la solidité sans préjudice de la forme élégante, renferme une literie complète et sert à plusieurs usages en dehors de sa dénomination. (Voir les notes explicatives de l'auteur.)

111 — LESUEUR (frères), fabricant de poêles en faïence, boulevard des Amandiers, 78.

Panneaux-Lesueur, dont deux peints avec décoration et deux émaillés blanc.

Nota. — Ces panneaux fabriqués par un système nouveau breveté, diffèrent des autres par leur forme et principe de scellement, en ce que les panneaux actuels se scellent au moyen de parties saillantes dites colombins, tandis que le scellement des panneaux Lesueur se fait, en faisant entrer le plâtre ou tout autre système d'attache dans les mortaises à queue d'aronde, découpées dans lesdits panneaux.

112 — LETESSIER (ÉTIENNE) et BERTHELOT (PIERRE), société pour l'exploitation des gnomons, rue Saint-André des Arts, 43.

1° Un gnomon en marbre blanc sculpté.

2° Un gnomon en pierre de Tonnerre.

Nota. — Ces monuments servent à la fois à indiquer exactement les heures ; à déterminer la division du temps et de calendrier perpétuel.

Modèle en bois d'un cadran solaire à équations destiné pour être exécuté en métal.

Nota. — Ce cadran indique le temps moyen et le temps vrai avec la différence.

Ces cadrans solaires, outre leur utilité, font l'ornement des jardins ; ils sont d'une grande précision.

113 — LIBERT (FRÉDÉRIC), ébéniste, cour des Trois-Frères, faubourg Saint-Antoine, 83.

Toilette-commode à réservoir.

114 — LIÉVAUX (PIERRE), peintre émailleur, rue de Saintonge, 25.

Cadrans pour cadres, horloges, application d'émaux sur cadrans, albâtre, bronze et bois sculpté.

115 — LIONNET frères, galvanoplastie en or, argent et cuivre, rue de la Verrerie, 54.

Pendulles, statuettes, coupes, encriers, bronzes d'art.

Nota. — Tous les objets sont obtenus par le travail de la galvanoplastie.

LOLLEY. (voir *BOUGENAUX.*)

116 — LOREMY et GRISEY, doreurs sur bois, rue de Charonne, 102.

117 — Mlle MALIDOR (AMÉLIE), rue Neuve-Saint-Augustin, 19, Paris.

1° Guirlandes de fleurs fabriquées avec le *beaumontia grandiflora*, plante récoltée sur les hauteurs du Silhet (Inde anglaise).

Guirlandes faites avec des graines d'Amérique.

Produits provenant de l'exposition permanente des colonies, au Palais de l'Industrie.

118 — MARION (MICHEL-ANGE) ❋, fabricant-inventeur, fournisseur du gouvernement, rue de Grammont, 16, fabrique et usine, rue du Ranelagh, 29 (Passy), à Paris.

Récompenses nationales : — Mention honorable à l'Exposition universelle de 1834. — Médaille de 1re classe à l'Exposition universelle de 1855. — Croix d'honneur en 1860.

1° Réduction de la colonne de la Victoire, d'après M. Brenet, premier graveur de la Monnaie sous le premier Empire : de 1 mètre 85 centimètres de hauteur, obtenue presque d'un seul jet par la galvanoplastie.

2° Armure de François Ier, copie modèle en bronze, fondue par Richard, réparée et ciselée par Vechte, en 1834.

FRANCE. — BIBLIOTHÈQUE IMPÉRIALE.

Orient et Occident. — Armes modernes.

Cette armure est chargée d'ornements de fantaisie au milieu desquels revient, à plusieurs reprises, la figure d'un crabe qui doit avoir été le corps de l'*impressa* du prince pour lequel elle a été composée. Une des pièces composant cette armure (*le casque*) est ornée, en outre, d'une figure de haut-relief, de femme nue, ailée, une sorte de fée Mélusine, qui s'adosse à la crête, et dont le corps se perd sous une gaîne de feuilles d'acanthe. Sur la crête, s'élève un dragon, la gueule béante, aux larges ailes déployées.

Le casque a une hauteur de 51 centimètres.

Le bouclier a un diamètre de 68 centimètres.

L'épée a une hauteur de 1 mètre 15 centimètres.

Cette armure a été trouvée en Hollande, et déposée dans le cabinet des médailles, à Paris, en vertu d'un arrêté du Comité de l'instruction publique du 28 messidor, an III (16 juillet 1795).

On ne peut trop admirer le goût qui a présidé à la décoration de cette armure qui a été, certainement, fabriquée en Italie.

Sa composition est attribuée à Benvenuto Cellini.

Nota. — Un plat de 68 centimètres de diamètre, et une aiguière de 58 centimètres de hauteur, ont été ajoutés, ce qui complète une riche panoplie. La composition et la ciselure ont été faites en 1834 par Vechte.

3° Le casque de Henri II (copie par l'électro-chimie), composition attribuée à Michel-Ange. (Musée du Louvre.)

3° L'aigle impériale pour ornement du drapeau de l'armée, d'après A. Barre, en *aluminium fondu* et *ciselé* (dorure et soudure par les procédés de M. Ph. Mourey). Poids, 600 grammes au lieu de 2,500.

5° N° 1041. Copie du bassin, par François Briot (dix-neuvième siècle), 456 millimètres de diamètre. Il est richement orné de reliefs. Au centre, est figurée la Tempérance;

sur le fond, sont les quatre Éléments; sur le bord, Minerve et les Sciences. (Musée du Louvre.)

6° Bouclier représentant le massacre des Innocents, composé en 1844 par Feuchère, repoussé et ciselé par Vechte. (L'original est au musée de Londres.)

7° Un magnifique bassin doré représentant la bataille de Tunis (seizième siècle). Diamètre, 66 centimètres.

Il est orné de reliefs et de ciselures dont les sujets, très-variés, sont les épisodes divers de la conquête de Tunis par Charles-Quint, ainsi que l'indique l'inscription qu'on y lit : *Expeditio et victoria africana Caroli V, Roma Imp. P.-F. Augusto* 1535 *M. R.* 351. (L'original est au musée du Louvre.)

8° Armoiries impériales pour les sabretaches des guides, d'après M. Gilbert, en aluminium, dorure de M. P. Mourey, d'après ses procédés.

9° Aigle du drapeau du premier Empire.

10° Aigle impériale, d'après A. Barre, pour le drapeau de la garde nationale. Tête à droite. Modèle adopté par l'Empereur en 1852.

11° Panoplie complète, montée par M. Granger.

12° Naissance du Prince Impérial, par l'électro-chimie, d'après M. Dinan, compositeur et sculpteur.

13° Lecture de la Bible, d'après Greuze.

14° Arme nouvelle. Hache-échelle pour les pompiers et les marins, brevetée sans garantie du gouvernement.

Emplois de l'arme :

Depuis longtemps il est reconnu que le fusil est, dans les mains des pompiers, une arme complétement inutile, et que leur premier besoin est de s'en débarrasser aussitôt que leurs services sont réclamés ; il est également reconnu, dans la marine, que les gaffes qui pourraient instantanément s'abouter solidement les unes aux autres seraient d'un précieux secours.

L'arme que l'on présente, quand toutes ses pièces sont réunies, forme, si elle se termine par la hache, une arme de garde pouvant, à l'occasion, servir à l'attaque ou à la défense ; avec la pique, c'est une arme complète qui peut rendre, à la mer, tous les services de la gaffe et de la pique d'abordage. Si l'on veut s'en servir comme d'un moyen d'ascension ou d'abordage, on enlève la pique, ou la hache, et le culot, on sort les crampons logés dans la tige de la hampe, on réunit plusieurs hampes en introduisant le tenon supérieur de la seconde hampe dans la douille inférieure de la première, et ainsi de suite, en telle quantité de hampes que besoin est.

L'échelle ainsi formée, on pose le crochet de la hampe supérieure sur une saillie quelconque, sur un cordage, à l'extrémité d'une vergue, et le pompier ou le matelot monte avec toute facilité, en posant successivement ses deux pieds sur chaque crampon, et en s'aidant de ses mains pour maintenir son équilibre.

Dans un incendie, avec le crochet de la hampe détachée de sa hache qui se place dans un anneau de sa ceinture, le pompier peut arracher, tirer à lui, enlever du foyer tous les objets qui sont à sa portée, et cette portée peut être longue, puisqu'il a la facilité de donner presque instantanément à sa hampe la longueur de toutes les hampes réunies.

15° Feutre anglais, *naturalisé en France*, pour dessous de

selle (*pour l'armée*), pour pomper la sueur, et surtout pour empêcher la selle de blesser le cheval, recommandé par l'Empereur et adopté par le ministre de la guerre pour l'armée.

16° Casque des dragons de l'Impératrice, en bronze aluminium, métal plus dense.

17° Assiette en aluminium, feuilles de vigne.

18° Assiettes obtenues par la galvanoplastie, cuivre pur argenté et doré.

19° Sabretache de colonel du régiment des guides. Galons et armoiries dorés obtenus par l'électro-chimie.

20° Tabliers de trompettes pour les régiments de la garde impériale. Dessin de E. Couder, exécuté à Lyon.

21° Quatre trophées romains.

22° Feutre pour cuirasse *garde-cœur*.

23° Les coupes de Benvenuto Cellini, ciselées par Poux.

24° Les quatres médaillons de Justin. M. Vincent, éditeur.

119 — Mme Ve **MARMUSE** (Victoire), fabricante de coutellerie et d'orfévrerie, rue du Bac, 26. Fournisseur des ministères.

Couteaux renaissance depuis 22 francs la douzaine, en ébène et de première qualité.

Modèles de couteaux de table et de dessert, manches en argent, écaille, nacre, ivoire et porcelaine.

Couvert d'argent modèle d'un service en argent guilloché composé de 12 couverts de table guillochés, 12 couverts de dessert guillochés, 12 cuillers à café guillochés, 12 couteaux de table guillochés, 12 cauteaux de dessert lames d'acier guillochés, 12 couteaux de dessert lames d'argent guillochés, le tout 1,650 francs.

Assortiment de modèles de services à découper hors-d'œuvres, couverts à salade, manches à gigot, fourchettes à huîtres, truelles à poisson, poignards, ciseaux, rasoirs pièces de fantaisies fermantes, etc.

Nota. — Cette maison a obtenue une médaille de bronze en 1849, et une médaille de 2me classe à l'exposition universelle de 1855.

120 — MARTIN (ANDRÉ), sculpteur, rue des Deux-Ponts, 31.

Réduction et augmentation par un nouveau procédé depuis la gravure au burin jusqu'à la ronde bosse.

121 — MATTHÉS (AUGUSTE-LOUIS), fabricant de pastillages artistiques, rue du Chaume, 6.

Pastillages artistiques.

122 — MAYOUX (ANTOINE-MARIE), éditeur, rue Michel-le-Comte, 23.

1° Chemins de Croix en estampes et peinture à chêne.

2° Canons d'autel, Missels.

3° Calendriers, etc., etc.

123 — MAZAROZ-RIBAILLIER, fabricants de meubles d'art, boulevard des Filles du Calvaire, 20 et rue Ternaux-Popincourt, 4 et 6.

1° Un meuble noyer à coins ronds et à figures rondes bosses.

2° Une armoire à glace et à linge à trois portes, noyer sculpté.

3° Un fauteuil Louis XVI blanc et or garni.

4° Un meuble à bijoux, style de la renaissance italienne.

5° Un album photographié (sur son pupitre) contenant environ 300 meubles photographiés sur ses compositions exécutées.

124 — MENAND (Charles), fabricant d'articles pour illumination, rue Notre-Dame des Victoires, 25.

1° Lanternes et ballons en étoffes diverses et de tous genres.

2° Ballon fermé, en papier avec guide-bougie.

3° Lanterne éclairée dessus et dessous.

4° Lanternes et ballons en papiers dorés et argentés.

125 — MERCIER (Claude-Victor), tablettier, rue des Gravillers, 24.

Tabletterie.

1° Une tabatière polie, marbre naturel.

2° Une tabatière en corne marbrée.

3° Une tabatière en bois de violette.

4° Une tabatière en étrusque filets or.

5° Une tabatière en corne marbrée naturelle.

6° Une tabatière à filets.

7° Tabatières diverses, etc., etc.

126 — MICHEL (Eugène), fabricant de bronzes, rue de Vendôme, 7.

Bronzes.

1° Une pendule Diable.

2° Une paire candélabres.

3° Une paire flambeaux.

4° Une paire statuettes danseuses (Heley).

5° Une paire flambeaux palmettes argent.

6° Une pendule renommée et chimères argent.

7° Une pendule vase sascilivas noir.

8° Un chien colimaçon n° 1.

9° Un chien se grattant.

10° Un chien se mordant.

11° Un chien de combat.

12° Un chat.

13° Une chienne et ses petits.

14° Un gobelet renaissance.

15° Une garniture paon.

16° Un joueur de dés.

127 — MILISCH (Frédéric-Jules) et fils, bijoutiers orfèvres, rue Portefoin, 17.

Bijouterie.

Fantaisie en tous genres, colliers, bracelets, broches, parures, spécialité de peignes riches, inventeurs du bracelet élastique. Breveté (S. G. D. G.)

Admis et médaillé aux expositions de Bordeaux, Besançon, Marseille, Paris.

128 — MONDUIT H. et BÉCHET (Louis-Honoré), plombiers, couvreurs, mécaniciens, boulevard Monceaux, 101.

Plomberie d'art.

129 — MONROCQ (Jean-Noel), éditeur imprimeur, rue Suger, 3.

Dessins industriels et de machines.

Nota. — Ce dessin fait partie d'un ouvrage ayant pour titre : *le Praticien industriel.*

130 — MOULIN (Félix), photographe, rue Richer, 23.

Reproduction par la photographie d'objets d'art et d'industrie.

121 — MOURAUX (ALPHONSE GUILLAUME), dessinateur, faubourg Saint-Denis, 48.

Trompe-l'œil.

122 — MOUREY (PHILIPPE), rue Fontaine-au-Roi, 12.

Objets divers en zinc, dorés et platinés par Ph. Mourey, inventeur.

Aluminium doré et soudé par ses procédés.

Soudure de l'aluminium donnée par lui dans le domaine public : premier cours, 12 février 1859, à la *Société d'encouragement*; deuxième cours, 28 août 1860, au *Palais de l'Industrie*.

Médailles de platine, Société d'encouragement ; deux médailles d'argent aux expositions.

123 — MOUSSET (DÉSIRÉ), fabricant d'orfévrerie d'argent, rue de Rivoli, 116, successeur de la maison Lebrun ✻.

1° Service commandé par M. le comte de ***.

2° Quatre pièces de thé en argent, style grec; une assiette damassée pour œufs à la coque.

3° Une cafetière grecque or et argent.

4° Une cafetière grecque, gravure eau-forte.

5° Une corbeille à pain, argent.

6° Une fontaine à thé, Renaissance.

7° Six pièces d'un thé, Renaissance.

8° Deux plateaux ovales, Renaissance, en argenture électro-chimique.

134 — MURÉ (Charles), ornemaniste, rue du Faubourg Montmartre, 75.

Décoration complète d'appartements par l'acier.

Athénée des Arts, médaille d'argent.

Clouteries pour siéges et tentures, baguettes, ornements de croisées, lampes, lustres, girandoles, candélabres, peinture, ferrures de meubles.

Carton cuir repoussé pour tenture, de M. Eugène Armengaud, collaborateur de M. Muré, boulevard de Strasbourg, 37.

Reproduction, par imitation, des anciens cuirs de Cordoue, coloriés, vernis, dorés et argentés,

135 — NICOLAS (J. Fleury), fabricant d'étoffes de soie, rue Royale, 20, à Lyon.

Tissus laine et soie.

MM. F. Nicolas et Ce, fabricants à Lyon. Dépôt chez M. J. Lenfant, rue des Jeuneurs, 21, à Paris.

Un store vénitien dans un cadre doré, ayant 3 mètres de hauteur sur 1 mètre 55 centimètres de largeur.

136 — NIVELLE fils, faubourg Saint-Denis, 50, fabricant de machines à coudre.

Machine à coudre faisant le point carré ou noué et le point de navette.

137 — OPPERMANN (Charles-Alfred), ingénieur-constructeur, rue des Beaux-Arts, 11.

Dessins d'art industriel.

138 — OURI (Alphonse), rue des Dames, 27, Batignolles, Paris.

Peintre décorateur.

1° Deux dessus de porte, fleurs.

2° Un panneau ornements camaïeux, rehaussé d'or.

3° La peinture et la sculpture, deux esquisses (dessus de porte).

4° Plafond, ciel et enfants (esquisse).

5° Fleurs, fruits, poissons, gibiers, quatre gouaches (dessus de porte).

6° Treillage et fleurs (esquisse), etc., etc.

139 — Mlle PACAULT (Désirée), cité Odiot, 1, artiste-littérateur.

Pâte artistique.

1° Ruines d'une abbaye en Irlande.

2° Un vase symbolique représentant les attributs de l'Amour et de la Poésie (composition).

3° La Roche au Nid (souvenir).

4° Restes d'un castel moyen âge (étude).

5° Une bergeronnette grise.

6° Une petite chèvre.

7° Deux scarabées et une mouche.

140 — PAROD père et fils, rue Popincourt, 16.

Mécéniades; outils servant à façonner les légumes pour la décoration des plats.

1° Outils divers pour façonner les légumes pour la décoration du service culinaire; imitations de pâtes d'Italie pour potages, garnitures de plats, etc.

2° Machines propres à la préparation des légumes pour conserves alimentaires.

3° Machines à hacher, nouveau modèle, pour viandes, fruits et légumes.

4° Nouvelles barattes (à l'usage domestique) pour la production du beurre frais.

5° Nouvelles boîtes à conserves, à fermeture hermétique, servant indéfiniment.

6° Collection d'outils divers à l'usage de la cuisine.

141 — PELLET ET Cᵉ (A.), négociant, rue Montholon, 26.
Toile-cuir, illustrée et en relief.

142 — PELOSSE (JULES-ANTOINE), boulevard Beaumarchais, 79, fabricant de garnitures torses pour croisées.

1° Bâton uni à hélice pour rideaux.

2° Bâton sculpté à hélice pour rideaux.

3° Bâton sculpté à hélice avec sa galerie.

143 — PENON frères, fabricants de meubles, tapisseries de fantaisie et d'ameublement, rue du Faubourg-Saint-Honoré, 11.

1° Oasis, petit salon de repos, composé et exécuté par M. Henri Penon.

Collaborateurs exposants : M. Remon, peintre décorateur, rue de Bruxelles, 23 ; M. Picq, épure d'architecture, rue Blanche, 80 ; M. Mazerolle, artiste peintre.

Détail du petit Salon.

Un lit de repos amaranthe et bronze or.

Un guéridon, un tabouret.

Brûle-parfum bronze.

Vasque, peau de tigre royal, peinture à la colle.

Panneau du fond, peinture à l'huile.

Tenture soie grége et satin avec broderies et applications.

Tapis velours.

Velum étamine.

Cette pièce est un essai que nous cherchons à appliquer aux dernières recherches des constructions composées avec les éléments grecs et Renaissance.

Ce genre d'ameublement et de décoration pourrait donc s'allier avec cette dernière architecture et nous laisser tout le confortable de nos usages, tout en restant dans la moyenne des prix affectés à la décoration intérieure faite de nos jours.

144 — PÉRICHON aîné (Sylvain), rue de la Madeleine, 27, facteur de pianos.

Un piano droit.

145 — PÉRICHON jeune (Alexandre), rue de l'Odéon, 10, facteur de pianos.

Un piano droit, demi-oblique, perfectionné, en ébène et marqueterie de bois de couleur et garni de bronze doré.

146 — PERRAULT (Charles-Antoine), sculpteur, rue Neuve-Saint-Étienne du Mont, 26.

Marbre et bronze.

1° Une paire de candélabres grecs à griffons bronzés, pieds marbre noir, quatre lumières.

2° Une paire de candélabres grecs à console, bronzés, quatre lumières.

3° Une paire de candélabres à vases pieds marbre noir, cinq lumières.

4° Une paire de candélabres antiques à trépied, bronze.

5° Une paire de candélabres pieds à chimère bronzée, cinq lumières.

6° Une paire de bouts de table à deux lumières, bronzée.

7° Un bout de table, deux lumières, doré.

8° Un bout de table, deux lumières, argenté.

9° Une paire de flambeaux pieds à chimères, bronze.

10° Un flambeau à chimère, doré.

11° Un flambeau à chimère, argenté.

12° Un petit flambeau grec à serpent, pied marbre, doré.

13° Un flambeau grec à serpent, marbre et argent.

14° Une paire de brûle-parfums trépied, bronze.

15° Une paire de buires à enfant, bronze.

16° Une buire à enfant, dorée.

17° Une buire à enfant, argentée.

18° Une paire de petits brûle-parfums, bronze.

19° Un petit brûle-parfums doré.

20° Une paire de porte-allumettes, bronze.

21° Un porte-allumettes argenté.

22° Une paire de vases mascarons dorés, pieds marbre blanc.

23° Une coupe vigne-lierre et mascaron avec couvercle argent.

24° Une coupe vigne-lierre et mascaron avec couvercle doré.

25° Un vase Louis XVI, enfant et guirlande dorés.

26° Un vase Louis XVI, enfant et guirlande argentés.

27° Une coupe grecque, médaillon, dorée.

28° Une coupe grecque, médaillon, argentée.

29° Une paire de coupes grecques, médaillons, bronzées.

30° Une coupe tête d'ange bronzée.

31° Une coupe tête d'ange à pied, marbre blanc.

32° Une coupe tête d'ange dorée, marbre blanc.

33° Une paire coupes chauve-souris bronzées.

34° Une coupe chauve-souris dorée.

35° Une coupe chauve-souris argentée.

36° Une paire de coupes grecques unies, bronzées.

37° Une coupe grecque unie, argent.

38° Une paire buires grecques à tête.

39° Une coupe à médaillon dans le fond.

147 — PERREY (AIMÉ-NAPOLÉON), statuaire, rue du Cherche-Midi, 102.

Cinq photographies d'après les tympans exécutés à l'église de Belleville :

1° La Prophétie;

2° Principal épisode de la vie de saint Jean-Baptiste;

3° La Descente aux Limbes;

4° La Résurrection du Christ;

5° La Consécration de l'Eglise.

148 — PERROT, PETIT et Cᵉ, rue Neuve Saint-Augustin, n° 20.

1° Fleurs de parure.

2° Fleurs d'ornement.

3° Un Rosier à la reine.

4° Un geranium.

5° Une branche roses Bengale.

6° Un id. chevrefeuille.

7° Diverses fleurs et plumes de parure.

8° Couronnes et bouquets.

Nota. —Cette maison a obtenu une médaille de bronze en 1844, la 1re médaille en 1851 à Londres, et la médaille de 1re classe en 1855.

149 — PHILIPPE (Émile), graveur, dessinateur, modeleur, rue de l'Arcade, 67.

Collaborateur de M. Jules Wiese.

Dessins industriels :

1° Un tableau contenant dix compositions variées de bijouterie, joaillerie et objets d'arts, telles que parures, bracelets, broches, miroir à main, coupes, etc.

Objets fabriqués. — Modelures, sculptures.

1° Une coupe d'acier poli, gravé à l'eau-forte avec garnitures ciselées, travail très-fin comme gravure, style Louis XIII.

2° Deux coupes et deux flambeaux émaillés style grec, pièces très-étudiées sous le rapport du dessin et de la gravure.

3° Une coupe et deux flambeaux, mêmes modèles, ciselés et dorés.

4° Une croix style gothique à jour reposant sur ébène sculpté (travail pris sur pièce).

5° Divers poignards, savoir : Un, style moresque émaillé; un, acier gravé et doré, Louis XIII ; un, ivoire gravé.

6° Un coffret ébène, avec application de frises d'ornements et motifs à figures, en cire (modèle devant être exécuté en ivoire).

7° Quatre tableaux, ivoires sculptés, pour coffrets ou autres objets.

8° Deux médaillons, têtes grecques sculptées en ivoire.

9° Miroir Louis XVI, plâtres et cire, modèles en pièces détachées. (Voir dessins industriels.)

10° Une aiguière, sujet d'eau, maquette en cire.

11° Quatre compositions en cire pour broches.

150 — PIEFFORT (LOUIS-JOSEPH-CHRYSOSTOME), fabricant de confections en robes, manteaux et corsets, rue Vendôme, 18.

151 — POILLEUX (JEAN-BAPTISTE), fabricant de bronze d'art et d'ébénisterie de luxe, boulevard de Sébastopol, 1, (rive droite.)

1° La Poésie.

2° Un Platon.

3° L'amour aiguisant sa flèche.

4° Le premier chagrin.

5° La Gourmandise.

Par *Moreau* (Mathurin) médaille de 2e classe 1855; médaille de 1re classe 1859 — et rappel de médaille d'or en 1861, et 2e grand prix de Rome.

6° Deux femmes Grecques jouant au jeu de l'oie.

7° L'heureuse mère.

Par *Maillet* (Jacques-Léon), élève de Pradier, grand prix de Rome 1847; médaille 2e classe 1855 — médaille 1re classe 1853; rappel 1857 — nommé chevalier de la Légion d'honneur en 1861.

L'amour fraternel, par Calmels (Anatole-Célestin), élève de Pradier — 2me grand prix de Rome 1839; mention 1850 — 3me médaille 1852 — rappel en 1857.

Uu meuble bois noir, et bronze médaillons artistiques.

Bustes et flambeaux, fantaisie. Maison Gelot, — Poilleux successeur, 1 boulevard Sébastopol.

152. — POMMERETTE frères et FRANÇOIS, fabricants de services de tables et autres, rue Royale-St-Honoré, 8.

Produits de Sèvres et de Saint-Amand.

153 — POUX (FRANÇOIS), ciseleur, rue des Trois-Bornes, 27.

154 — PRÉVOST (JEAN-AUGUSTE), dessinateur, faubourg Saint-Antoine, 268.

Projet de tapis à l'aquarelle vernie, fabrication, tissage d'impression.

155 — PULL (GEORGES), céramique, potier d'art, genre B. Palissy, plats, vases, statuettes, mascarons et autres, grande rue Vaugirard, 244.

1° Genre Bernard Palissy pouvant servir d'ornementation à l'extérieur et l'intérieur, en un mot, à tout ce qui concerne l'architecture. Sa composition de terre est très-solide, on peut s'en servir pour poêle et cheminée; et ses émaux, il les applique sur la pierre factice, on peut le voir d'après les quelques pièces qui sont à son exposition. A ses produits, qui se composent de plats, reptiles et autres vases à fleurs de jardins et panneaux, sont joints quatre modèles copiés au musée du Louvre, de Bernard Palissy, prouvant aux connaisseurs que c'est le même travail du père de la céramique en France.

156 — QUÉRUEL (JEAN-LOUIS-ÉDOUARD) et Ce, sculpteurs et fabricants d'ébénisterie, brevet d'invention, S. G. D. G., rue de Charonne, 37.

Sculpture en bois décorative :

1° Un cadre en bois, sur chaque côté, une colonne, toutes deux décorées. Au-dessus du cadre un motif ou cuir à l'intérieur un panneau représentant une chasse, et divers fragments de sculpture comme échantillons.

2° Une esquisse de décoration en bois pour plafond.

157 — RACAULT (HENRY), fabricant d'ébénisterie et tapisserie, faubourg Saint-Antoine, 76.

La bibliothèque, noir et bronze, est vendue à M. Lesport de Bourbon, au prix de 2,200 francs.

Le buffet-dressoir, noyer et noir, est vendu à M. Olivier, au prix de 1,600 francs.

158 — RAMBERT, dessinateur, rue du Cherche-Midi, 85.

Série de dessins allégoriques, décoratifs et industriels.

159 — RAPARLIER (EUGÈNE-JEAN-BAPTISTE), rue de Rambuteau, 50, inventeur et fabricant de cafetières de tables.

Appareils pour faire le café soi-même sur la table au moyen du réchaud à esprit-de-vin, et pouvant se faire également sur toutes espèces de feu.

Les appareils sont en fer-blanc poli avec récipient en verre ou en fer-blanc également, le tube d'ascension en *étain pur*, est *droit*, très-large et *mobile*, et par conséquent facile à nettoyer.

160 — RAPINE (MAXIMILIEN-HONORÉ-FRANÇOIS), graveur, rue de la Cité, 17.

Gravures.

161 — RAUX (FRANÇOIS-JULIEN), mécanicien, 8, rue Levisse-Montmartre.

Machines à rehausser la blonde.

162 — REAUMO (LÉON-ALEXANDRE-ADOLPHE), dessinateur en bijouterie, rue Marcadet, 96, Montmartre.

1° Dessins de bijouterie.

2° Coiffure de soirée pouvant également former broche, bracelet, boutons d'oreilles et fleurs à cheveux.

163 — REIBER (ÉMILE-AUGUSTE), rue Vavin, 18, architecte, directeur-fondateur du journal l'*Art pour tous*, encyclopédie populaire, illustrée, de l'art industriel et décoratif.

1° Un cadre contenant une série d'épreuves tirées à la presse typographique, de *dessins* destinés à l'*Art pour tous* et extraits de la collection de la première année du journal. Reproduction des gravures anciennes et modernes ayant trait à l'ornementation et à la décoration. Ameublement, orfévrerie, vases, broderies, tentures, décorations intérieures, détail d'architecture et de sculpture, figures décoratives arts somptuaires, costumes, carrosserie, etc.

(Voir à la *Librairie Artistique*, n°... la collection du journal).

2° Quatre cadres de dessins originaux, lavés à l'encre de

Chine, ensemble douze compositions décoratives destinées à une publication artistique.

1° Cartouche, frontispice, panneaux.

2° Cartouche, deux panneaux.

3° Reliure, cadre orné, vases.

4° Deux cartouches, cadre orné.

164 — REQUILLART ❋, ROUSSEL et CHOCQUEEL, rue Vivienne, 20, fabricants de tapis.

Tapis et tentures diverses.

165 — RÉVILLON jeune, rue de Malte, 13, sculpteur.

1° Esquisse en plâtre, exécutée par M. Révillon, d'après les plans, dessins et compositions de E. Guichard.

2° La Vierge à l'enfant destinée à la fonte de fer.

3° L'Amour, statue en bronze (fondue par M. Thiébaut.

4° Petit groupe en bronze (jeux d'enfants).

5° Pendentif d'enfants (décoration intérieure).

6° Deux petits médaillons en terre cuite (enfants musiciens).

7° Deux petits médaillons (Jésus et saint Jean).

8° Cadre contenant des photographies d'après des modèles exécutés au Louvre.

9° L'Inspiration, groupe en bronze, ciselure par Révillon jeune.

RIBAILLIER aîné et MAZAROZ. (*Voir MAZAROZ.*)

166 — RICHER (Guy), physiplaste, rue de Bondy, 70.

1° Un chaperon de mur, feuillages, ronces, vignes, pavots, etc., etc.

2° Un chaperon de mur, oiseaux feuilles de noisetier, rosiers, lierres, figuiers, etc., etc.

3° Rameaux de feuilles de platane.

4° Soleil.

5° Faisan (nature morte), appartenant à M. Mazaroz.

6° Faisan (nature morte), appartenant à M. Patenotte.

7° Pivoine.

8° Le verdier et l'araignée.

9° Pinsons.

10° Nature morte (gibier).

11° Soleil (vivace).

167 — RIESTER (Martin), rue Saint-Antoine, 222, dessinateur et graveur.

1° Gravures : Reproductions de décorations d'intérieur; composition et gravure d'ouvrages d'actions, de diplômes, d'étiquettes, d'adresses, d'armes, etc.; gravures de meubles, de papier peint, de tapis, d'horlogerie, etc.

2° Chromo : d'après ses dessins :

3° Entourages, almanachs, cartonnage pour confiseurs, imagerie religieuse, reliure, etc.

168 — RIGOLET (René-Martin), rue Ménilmontant, 7, cité Crussol, ciseleur, modeleur, fabricant de bronze stannifère.

1° Quatre statuettes, les Saisons.

2° Deux statuettes, Rembrandt et Michel-Ange.

3° Deux baigneuses.

4° Deux coureurs romains.

5° Un buste surprise.

6° Un groupe, le jeu (deux petites levrettes bronzées).

7° Un groupe, le jeu (deux petites levrettes oxydées).

8° Un levrier debout.

9° Un page et lévrier.

10° Un torréador.

11° Un support et baromètre.

12° Un chien braque.

13° Un chien épagneul.

14° Un petit lévrier debout.

15° Une petite levrette et toupie.

16° Un groupe (la Vénus pudique), reproduction d'antique.

17° Un cartel le Jour et la Nuit pour baromètre (doré par M. Mourey).

18° Un cartel pour mouvement.

19° Une levrette couchée sur marbre.

20° Un taureau seul.

21° Un cheval barrière.

22° Deux groupes (Arabes à cheval).

Quelques marbres et mouvements allant avec les statuettes et les groupes ci-dessus.

La sculpture des figures est de M. Aubert; des animaux, de M. Emile Loiseau et Heizler, les marbres de M. Jules Dubois, l'organisation des moules et la ciselure des creux est entièrement faite par M. Rigolet.

169. — RIMMEL (EUGÈNE), parfumeur, boulevard des Italiens, 17.

Le vaporisateur des parfums. (Brûle-parfums.)

170 — ROGEAU (César-Bruno), mouleur éditeur, rue Grenier-Saint-Lazare, 16.

Moulage et moule nouveau pour la galvanoplastie; le plâtre, toutes pièces d'anatomies, fleurs plastiques, façon bois, terre cuite, etc., par une composition nouvelle.

171 — ROLL (Joseph), fabricant de meubles, faubourg Saint-Antoine, 42.

Meubles :

1° Un lit.

2° Une commode.

3° Une armoire à glace.

4° Un buffet à étagère.

172 — ROUSSEL (Alcide-Stanislas), dessinateur, rue de Cléry, 42. Médaille à l'exposition des arts industriels de Bruxelles, 1856. Bronze, Dijon, 1858. Argent, Rouen, 1859.

Un cadre contenant :

1° Un dessin de robe en dentelle de Bayeux.

2° Volants de robe en dentelle de Bayeux.

3° Volants, point d'Alençon et application.

4° Voilettes en applications.

5° Mouchoir.

6° Une feuille d'éventail en dentelle blanche et noire.

Tous dessins appartenant à la maison Auguste Lefébure et fils.

173 — SAJOU ✻, fabricant de dessins et de modèles d'ouvrages de dames, rue Rambuteau, 52. Médaille de première classe à l'exposition universelle de 1855.

Éditeur de dessins de tapisserie, broderie, crochet, tricot, etc. Inventeur d'une nouvelle méthode dite : *Tricographie.*

174 — Mme SAUGET (ELISABETH), fleuriste en perles, rue Royer-Collard, 15. Médaillée de S. M. l'impératrice.

Une corbeille de fleurs en perles Charlotte.

Deux paires de vases (mêmes fleurs).

175 — SAULNIER-LEPELLETIER (EUGÈNE-GEORGES), négociant en rideaux brodés, rue des Jeuneurs, 38.

1° Rideaux-brodés.

2° Mousselines.

3° Tulles application.

176 — SAUVREZY (AUGUSTE), dessinateur, sculpteur et ébéniste, faubourg Saint-Antoine, 97.

1° Un bahut en noyer.

2° Un meuble Louis XIII.

3° Un bureau.

4° Une table Louis XVI.

5° Vingt-deux autres meubles variés.

177. — SCHIRRMANN (ÉDOUARD), horloger, rue Royale-Saint-Honoré, 7.

Pendules en bois sculpté et découpé.

1. Grande pendule gothique chêne à répétition, sonnerie se réglant d'après les aiguilles. Exemple: les aiguilles marquant dix heures, on voudra entendre sonner midi, on tournera la petite aiguille dessus et la sonnerie répétera midi.

2. Pendule coucou, grand modèle (sans poids), avec peinture (buveurs sous Louis XIII).

3. Pendule sonnant les quarts par le chant d'une caille et les heures par celui d'un coucou.

4. Pendule sonnant les quatre quarts sur un timbre et les heures par le chant du coucou.

5 et 6. Deux coucous rustiques, racines de bois naturelles.

7 et 8. Deux coucous bois de chêne découpé, feuilles de vigne.

9 et 10. Deux régulateurs petit modèle, gothique chêne (marchant huit jours.)

11 et 12. Deux petits chalets bois d'érable, à sonnerie.

13. Une pendule coucou, vieux chêne, feuilles de vigne sculptées, poids pommes de pin.

14. Une pendule coucou, très-riche noyer à colonnettes torses, finement sculptées.

15 et 16. Deux pendules pour cheminées, noyer et chêne, modèles riches, chalets mouvants quinze jours, à sonnerie.

17. Une pendule à coucou grand modèle, bois de chêne découpé et sculpté, forme chalet.

18 et 19. Deux pendules pour cheminées, forme rustique (racines), à sonnerie et sans sonnerie.

20 et 21. Deux pendules à poids, forme chalet, à balcon et têtes de chevaux et de chèvres.

22 et 23. Deux pendules petits modèles à réveil, forme, chalets rustiques.

24. Pendule pour cheminée, avec grimacier (l'avaleur de boulettes), bras et bouche à mécanisme articulé.

25. Pendules avec un singe faisant sa barbe, bras articulé, tête et bouche à mouvements indépendants.

26, 27, 28, 29, 30 et 31. Pendules mignonnes pour cheminée et pour accrocher, mouvements spéciaux très-exacts, cadrans porcelaine peinte.

178 — SEEGERS (Auguste), fabricants de papiers peints de luxe, rue du Temple, 83, et rue de Charonne, 170.

Papiers veloutés-étoffe, papiers dorés imitant la broderie, toiles-cuirs dorées et reliefs pour tentures, ameublements, etc.

179 — SEGUIN (Edouard) fils, entrepreneur de marbrerie rue de Rennes, 7.

1° Une cheminée en marbre blanc statuaire sculptée, style Louis XVI.

2° Une cheminée en marbre blanc statuaire sculptée, style Louis XV.

180. — SEMEY (Édouard-Constantin) fabricant d'ébénisterie, rue du Faubourg-Saint-Antoine, 47 et 49.

181. — Mlle SILBERMANN (Marie-Amélie), peintre, élève de Mlle Rosa Bonheur et de M. Emile Lecomte, rue Saint-Martin, 292.

Trois miniatures sur ivoire :

1° Naissance de la Vierge d'après Murillo.

2° Danaé d'après Carlo Signani.

3° Fragonard d'après lui-même.

Le n° 1 a été exposé au salon de 1859.

Le n° 3 a été exposé à l'exposition de Besançon.

182 — SMITH (Georges), fabricant de dentelles et guipures, rue de Rivoli, 238.

Dentelles et guipures.

183 — SORMANI (Paul), fabricant de nécessaires, rue du Temple, 114.

184 — TISSIER (Adolphe), directeur d'une école professionnelle et préparatoire aux beaux-arts et aux arts industriels, rue des Fossés du Temple, 76.

Peintures, dessins d'architecture, de machines, etc., copiés ou composés par ses élèves.

185 — TRÉMIOT (Joseph-Alexandre), dessinateur en cheveux, faubourg Montmartre, 58.

Portraits-ornements dits doubles souvenirs.

1° Portrait de Napoléon Ier et guirlandes de pensées, en cheveux.

2° Portrait du roi de Rome et deux palmes, en cheveux.

3° Portrait de Napoléon III et guirlande de lauriers, en eu cheveux.

4° Portrait du prince impérial et guirlande de myosotis, cheveux.

5° Objets d'encadrements facultatifs à la spéculation industrielle, garniture de cercle fixant le portrait au dessin en cheveux par le rabattement des griffes du cercle, derrière de passe-partout.

6° Passe-partout unique, faisant partie de l'invention.

186 — TROUILLET (Auguste), mécanicien, boulevard de Sébastopol, 92 (rive droite).

Numéroteurs-Trouillet, pour numéroter soi-même *à la main* les bulletins et étiquettes d'ordre, les récépissés et pièces à souche, les livres et registres d'administration et de commerce et les copies de lettres, les actions, obligations, titres de rentes et titres de toute espèce, la musique, les ouvrages de librairie et de bibliothèque, les collections et les archives publiques ou privées, et *pour estampiller avec numéros d'ordre les effets de commerce.*

LES NUMÉROS SE SUCCÈDENT D'EUX-MÊMES.

Timbres à date, pour endosser les effets de commerce et imprimer avec dates mobiles l'échéance et l'acquit des billets, acquitter les factures, dater les réceptions ou les livraisons, etc., etc.

187 — TURQUETIL et MALZARD, fabricants de papiers peints, boulevard du prince Eugène, 180.

Plusieurs panneaux de papiers peints à bon marché.

188 — VAN BALTHOVEN (PIERRE), fabricant de meubles, faubourg Saint-Antoine, 38.

Lit, armoire, commode.

189 — VÉDY (FÉLIX-LOUIS), opticien mécanicien, rue de Bondy, 52.

Instruments pour la marine.

Nouveau sextant à double division.

190 — VERNEY (LOUIS-THÉODORE), imprimeur lithographe, faubourg Saint-Denis, 148.

Épreuves de dessins industriels, exécutés ou transportés

chimiquement sur planches de métal, tirées par les procédés d'impression dits lithographiques.

Nota.— M. Verney offre aux artistes et aux industriels la preuve que cette découverte, si ardemment recherchée et si souvent annoncée comme résolue, l'a été par lui définitivement.

Un très-grand nombre de planches, exécutées directement sur métal, ou décalquées, et dont le tirage a été fait, ou se fait tous les jours chez lui sur planches de métal, est la preuve du ***résultat pratique*** de toutes les opérations.

Exécution directe, transport, conservation des planches.

Résultats immédiats et appréciables pour la plupart en chiffres ronds.

1° Économie de plus de 95 p. 100 dans l'achat du matériel.

2° Frais d'emmagasinement presque nuls.

3° Facilité pour l'artiste dans l'exécution de son travail, puisqu'il n'aura plus à remuer les lourdes pierres lithographiques.

4° Possibilité pour lui d'être entièrement maître du résultat de son travail, le système lui permettant non-seulement de procéder lui-même à l'acidulation, mais encore au premier encrage. Il n'aura donc plus à craindre les accidents qui sont la conséquence presque inévitable du mode actuel de procéder en lithographie.

5° Dimension indéfinie des planches, qui permettra d'abord des travaux restés impossibles jusqu'à ce jour pour la lithographie.

6° Possibilité de se servir, pour l'impression, de toutes sortes de presses, car on n'a plus à redouter la casse des planches.

191 — VEYRAT (A.), orfévrerie d'argent et de ruolz, rue de Malte, 22.

Argent.

1° Deux coupes d'art.
2° Un pot à tabac, ivoire, monture argent.
3° Un pot à bière.
4° Un huilier égyptien.
5° Deux bouts de table égyptiens.
6° Un sucrier égyptien.
7° Un moutardier égyptien.
8° Deux réchauds ronds, riches.
9° Deux sceaux à Champagne.
10° Un encrier riche.
11° Une théière ciselée.
12° Un sucrier ciselé.
13° Un pot ciselé.
14° Une tasse et soucoupe ciselées.
15° Un plateau, gravure riche.
16° Un couvert table grec.
17° Un couvert dessert grec.
18° Un café grec.
19° Un pochon grec.
20° Un service à découper grec.
21° Une truelle à poisson grecque.
22° Une cuillère à sucre grecque.

Ruolz.

23° Deux vases courses et régates.

24° Un plateau guilloché.

25° Cafetière Louis XVI.

26° Une théière Louis XVI.

27° Un sucrier Louis XVI.

28° Un pot au lait Louis XVI.

29° Une bouilloire Louis XVI.

30° Une ménagère tournante à flacons.

31° Un plateau galvano.

192 — VIEUX (Étienne), fabricant d'ébénisterie, faubourg Saint-Antoine, 59 et 60.

1° Un buffet double corps à coins ronds, noyer et moulures noires.

2° Une armoire palissandre cintrée, avec colonnes sur l'angle.

3° Un lit pareil.

193 — WALTER (Aimé-Joseph), graveur sur cristaux, rue des Vieux-Augustins, 8.

Sujets fantaisie, gravure genre Bohême, chiffres, armoiries, gravure sur vitraux, reproduction en gravure de n'importe quel dessin.

SUPPLÉMENT

—

194 — CARLIER (Pierre-Auguste), menuisier antiquaire, rue Saint-Bernard, 13.

195 — CATANEO, contre-maître chez M. Mazaroz.

196 — DRAPIER, ébéniste, rue du Faubourg-Saint-Antoine, 33.

Une boiserie de salle à manger en noyer sculpté, avec panneaux en tapisserie d'Aubusson, par MM. Braquenié frères, destinée à M. le duc Fernand Nuñez, à Madrid.

Un buffet en noyer sculpté, une armoire en bois noir, et un entre-deux de salon en bois noir. (Tous les trois avec incrustations de marbre.)

197 — FRATIN, sculpteur, avenue d'Antin, 37.

198 — JEANSELME fils et GODIN, ébénistes, rue du Harlay, 7 et 9 (Marais).

199 — LAFFON (Charles), photographe, rue Vivienne, 26, et rue Lord-Byron, 13.

200 — LEPAGE, dessinateur industriel, rue du Delta, 14.

201 — MICHÈLE, photographe, rue de Vendôme, 5.

202 — MOIGNIEZ fils (J.), sculpteur et fabricant de bronzes d'art (spécialité d'animaux), rue Charlot, 48.

203 — PAUL (EUGÈNE), sculpteur, rue Croix-des-Petits-Champs, 33.

204 — SAINT-ALBIN (Mme), peintre artiste à la manufacture impériale de Sèvres.

205—SIMÉON père et fils, peinture faite sur toile et transportée sous glace, rue des Couronnes, 45, à Belleville.

206 — SOUALLE (A.), fabricant de musiques, faubourg Saint-Martin, 78.

207 — VAUVRAY, fabricant de bronze, rue des Marais-Saint-Martin, 37.

Paris. — Imprimerie VALLÉE et Ce, 15, rue Breda.

LOTERIE

DE L'EXPOSITION DES BEAUX-ARTS

DE 1861

AU PALAIS DE L'INDUSTRIE

LISTE DES OUVRAGES D'ART ACQUIS PAR LA COMMISSION

Ordre des lots.	NOMS DES ARTISTES.	NUMÉROS du LIVRET	DÉSIGNATION DES OUVRAGES.
1	MORIN (Mlle).	2308	La promenade (aquarelle).
2	Id.	2309	La visite (aquarelle).
3	COSSMANN.	703	Le sommeil.
4	CARRIÈRE.	522	La perruche.
5	De la GIREMERIE	1304	Chambrée de dragons.
6	WILLIOT.	3123	Bords de la Seine.
7	LEGENDRE.	1888	Picciola.
8	SOYER.	2910	Le prix du catéchisme.
9	SCHULER.	2846	Soldats défricheurs (dessin).
10	Id.	2847	Cavaliers d'alarme dans les Vosges (dessin).
11	BERNIER.	243	Un doué près Ploucastel.
12	LEMMENS.	1934	Une cour à Mennecy.
13	CASTAN.	529	Intérieur de forêt.
14	HERSON.	1502	Intérieur de St-Maclou, à Rouen.
15	HUE.	1563	Manon Lescaut.
16	BATAILLE (Mlle).	143	L'Aurore et Céphale (porcelaine).
17	SAAL.	2763	Une scène d'hiver en Laponie.
18	LAMBERT.	1766	Le remède pire que le mal.

Ordre des lots.	NOMS DES ARTISTES.	NUMÉROS du LIVRET	DÉSIGNATION DES OUVRAGES.
19	HINTZ.	1525	Le port de Beuzeval, à Dives.
20	VALENZANO.	3032	La plaine de Montigny.
21	APPIAN.	78	Marché à Clermont.
22	ANASTASI.	42	Village de Willemsdorf.
23	COURBET.	720	Le renard dans la neige.
24	MOREL-FATIO.	2300	Vaisseau de ligne au plus près du vent.
25	BUSSON.	491	L'été de la Saint-Martin.
26	CAMPOTOSTO.	513	L'heureux âge.
27	CHINTREUIL.	618	L'aube après une nuit d'orage.
28	DELAMARRE.	839	Pelouse à Chantilly.
29	LAPITO.	1803	Vue de Bastia.
30	LELEUX (Arm.)	1914	La servante du peintre.
31	PATROIS.	2446	Lizba, intérieur russe.
32	AIGUIER.	16	Pêcheurs de Saint-Mandrié.
33	MONTFAILLET.	2266	La comédie au XVIIIe siècle.
34	DESJOBERT.	870	Sous les pommiers.
35	GIRAUD (Ch.)	1288	Intérieur au XVe siècle.
36	ROUSSEAU (Ph.)	2732	Le singe, musique de chambre.
37	ZO.	3138	Gitanos du Monte-Sagrado.
38	DE CURZON.	772	Les pèlerins à Subiaco.
39	AUBERT.	85	Confidences.
40	DE KNIFF.	1713	Le barrage du moulin, à Champigny
41	RUIPEREZ.	2759	Garde-française au cabaret.
42	STEVENS (J.)	2920	La cuisine.
43	CARAUD.	518	La convalescente.
44	ACHENBACH.	10	Convoi funèbre à Palestrina.
45	JALABERT.	1626	Une veuve.
46	BONHEUR (A.)	319	La sortie du pâturage (Auvergne).
47	VETTER.	3051	Bernard Palissy.

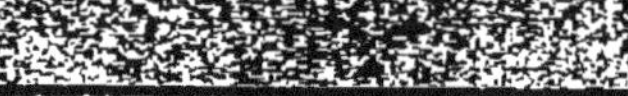
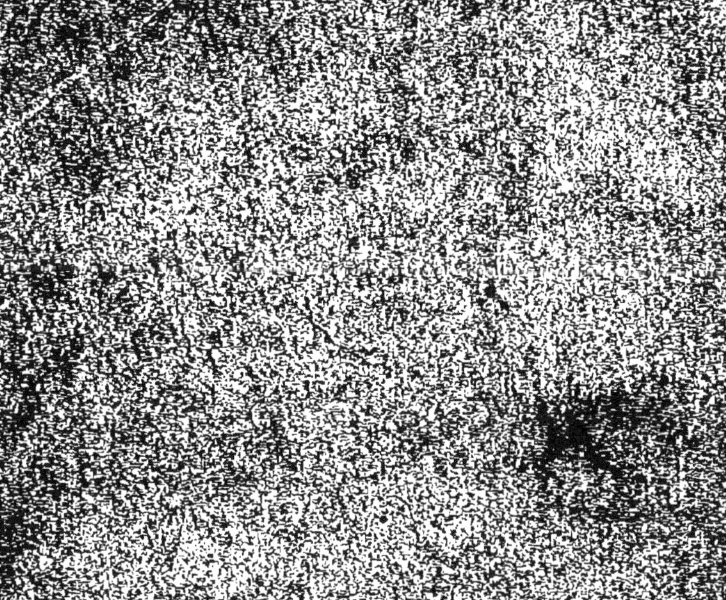
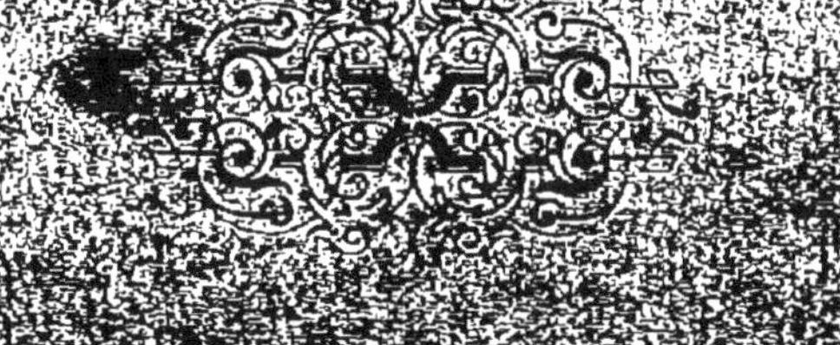

www.ingramcontent.com/pod-product-compliance
Ingram Content Group UK Ltd.
Pitfield, Milton Keynes, MK11 3LW, UK
UKHW020248220726
13923UKWH00002B/860

9 782016 130612